地勘企业
改革与管理研究

DIKAN QIYE GAIGE YU GUANLI YANJIU

赵彦雄◎著

中国经济出版社
CHINA ECONOMIC PUBLISHING HOUSE
·北京·

图书在版编目（CIP）数据

地勘企业改革与管理研究/赵彦雄著．
—北京：中国经济出版社，2019.12
ISBN 978-7-5136-5482-1

Ⅰ.①地… Ⅱ.①赵… Ⅲ.①地质勘探—企业管理—研究—中国 Ⅳ.①F426.1

中国版本图书馆 CIP 数据核字（2019）第 234158 号

策划编辑 汪 京 雷 生
责任编辑 罗 茜
责任印制 马小宾
封面设计 任燕飞装帧设计工作室

出版发行 中国经济出版社
印 刷 者 北京九州迅驰传媒文化有限公司
经 销 者 各地新华书店
开　　本 710mm×1000mm　1/16
印　　张 13
字　　数 185 千字
版　　次 2019 年 12 月第 1 版
印　　次 2019 年 12 月第 1 次
定　　价 58.00 元
广告经营许可证 京西工商广字第 8179 号

中国经济出版社 网址 www.economyph.com 社址 北京市东城区安定门外大街 58 号 邮编 100011
本版图书如存在印装质量问题，请与本社销售中心联系调换（联系电话：010-57512564）

序　言 PREFACE

适逢新中国成立70年，盛世伟业，彪炳史册。

我国地勘企业随着新中国波澜壮阔的发展历程，从白山黑水到西南崇岭，从东海之滨到青藏高原，高唱《勘探队员之歌》，弘扬“三光荣四特别”的精神，栉风沐雨，转战全国，勘探了大量的矿产资源，为构筑我国能源产业体系发挥了先行性、基础性作用。

进入新时代，机遇与挑战并存。习近平总书记在十九大报告中指出，要贯彻新发展理念，加快生态文明体制改革，建设美丽中国，推进绿色发展。绿水青山就是金山银山，绿色发展必将带动煤层气、页岩气、致密砂岩气、核能、地热能、太阳能等绿色洁净能源的需求加大，并将催生生态与农业地质、环境地质、城市地质、灾害地质、地质旅游、环境修复与治理等新需求。与此同时，伴随着能源危机、资源危机、环境危机、人口老龄化以及城市化进程，以绿色发展、循环发展、低碳发展为代表的中国特色生态文明建设已经启动，正在为建设美丽中国的宏伟目标发挥着重要作用。

经济结构的悄然变化，催生了诸多新需求、新产业和新模式，将成为未来我国经济发展的新支柱、新动能。地质勘查行业是国家实施生态文明建设、资源节约与综合利用、可持续发展等系列国策的战略性、基础性、支柱性行业，在国民经济和社会发展中起着先导作用。所以，地勘企业在这样的大背景下，即将面临的，是一场改革与发展的硬仗。

随着社会的不断发展，企业的改革与卓有成效的管理方法也成为各大公司的重要竞争力，越来越多的企业管理者都将目光集中到了现代企业管理上。地勘企业若想在市场竞争日益激烈的今天站稳脚跟，在这场改革与发展之战中赢得漂亮，了解地勘企业现状与问题，并针对于此进行改革和管理就成了迫在眉睫的事情。

因此，面对世界经济的复杂局势，地勘企业需要转变自己的观念，改革企业结构，加速与国际市场接轨，谋求地勘企业的现代化管理，建立健全具有地勘特色的现代企业管理制度，才能让地勘企业在日益残酷的竞争中站稳脚跟。

现代企业的竞争，说到底就是改革创新与管理提升方面的竞争。特别是对于长期在事业单位模式下运行的地勘企业来说，高层管理领导者以在地勘行业成长起来的专业技术人员为主，未来或许更应该关注高层级现代企业管理人员的培养和选拔。

深化地勘企业改革，加强地勘企业管理，不但能让企业的运作效率大大增强，还能降低管理成本，规范企业内部行为，充分激发员工的潜能，树立地勘企业积极健康向上的形象，满足地质经济发展的需要。

赵彦雄同志在工作中善于学习总结和思考，通过多年的工作积累与实践，参考地勘企业改革发展的有关资料，积极编写本书。虽然该书内容反映的不一定是最先进的现代企业管理知识，但是结合地勘行业实际进行论述，具有务实性、可操作性，并力求通过回顾我国地勘企业的改革发展，来论述如何推进地勘企业的改革与管理，不断推动和深化地勘企业改革，运用健全完善、科学有效的管理方式来管理企业，对规范地勘企业管理、提高竞争力、实现可持续发展，或将起到很好的借鉴启发作用。

希望中央地勘企业在国家的支持与自身的努力下，发展前景更加美好，创造出更佳业绩。

中国煤炭地质总局党委书记、局长　赵　平

2019 年 10 月于北京

目　录 CONTENTS

第一篇　地勘企业发展现状与管理意义

第二篇　对地勘企业运行模式及管理思路的认识

第三篇　地勘企业优化管理机制思考

第四篇　做好地勘企业产业布局与计划实施

第五篇　谋划好地勘企业深化改革与未来管控体系

第一篇

地勘企业发展现状与管理意义

第一章

现代企业的背景与管理意义

一、为什么现代企业更要讲管理

现代企业制度，就是以市场经济为基础，以公司制度为核心，以企业法人制度为主体的企业制度。在现代企业中，加强企业管理的意义就是让企业的产权更清晰、责权更明确、管理更科学。对国有企业来说，加强管理的意义就是促进改革，实现政企分离。

企业是以生产经营为主要职能，以明确盈利为发展目标的组织形式。因此，无论是民营企业还是国有企业，盈利都是企业的目标。为了实现盈利，为了不被市场淘汰，现代企业要加强管理，治理企业传统结构，务求让企业得以有效运转。就拿地勘企业来说，如果一味地依托国有企业背景，就有被飞速发展的市场经济淘汰的危险。

卓有成效的管理于企业来说，就如同河水之于鱼虾。

在生活中，很多朋友存在这样一种偏见：国企不需要管理。实则不然，随着社会经济逐步发展，国企面临着更多的机遇和更大的挑战。对于现代国企来说，管理尤为重要。

无论是国企还是私企，企业管理的本质都是一样的，无非是做什么、怎么做和怎么做得更好这三个问题，只要把握住这三个问题，就能将企业管理得井井有条。企业管理是一个非常宽泛的概念。无论是财务、人资、市场还是其他方面，都离不开上述三个问题。归根结底，这三个问题就是目标、执行和激励的体现。下面我们来具体分析一下。

1. 目标（做什么）

企业的目标管理又叫“成果管理”，俗称责任制。简单来说，就是以人为中心，用成果做标准，让企业全体员工积极参与，并在工作中实现自我价值的自下而上的管理办法。

目标是企业管理的中心。试想，如果一个团队或者一家公司，连一个明确统一的目标都没有，那从高管到员工就都不知道自己该做什么，以至于大家或各自为政，或敷衍了事。没有目标，就会造成没有合作、资源分散、凝聚力差等情况。目标的管理与执行，建议可采纳当前企业管理流行的一种做法——“OKR”工具，让团队来一起共识组织目标，真正激发团队在后续的执行中有担当，愿意挑战更高的标准。后文中将会有些论述。

2. 执行（怎么做）

公司或团队在明确目标后，下面就要实际操作了。可任务分配下去，下面的员工往往还是问题百出。所以，制订详细的执行计划，将责任划分到个人，一直到无可再分，执行管理才算完成了。但必须注意的是，一定不能分配不均，或分配不公，否则就会影响任务的进度与质量，让成果大打折扣。

3. 激励（怎么做得更好）

在目标管理与执行管理步入正轨后，公司需要考虑的是怎样留人，怎样从优胜劣汰方面实现公司质的升华。关于这一点，最重要的是实行激励措施。

事实上，员工工作大多是为了赚钱，是为了满足个人的生存需求与消费需要。如果工作好坏不能与奖惩制度挂钩，员工就会失去动力，或跳槽或变得敷衍。

在现代企业管理中，有个著名的“短板”理论，目标、执行与激励就是三块木板，它们共同构建成一只木桶。当我们往木桶中灌水时，如果有一块木板短缺，水就会从最低的地方流出，导致木桶无法装满，这就是管理上的短板问题。

所以，做好企业管理，就是让企业能在内外双方的作用下，形成一套自觉的“内功修炼手册”。国企也好，私企也罢，都要利用现代企业管理的观念、方法及手段，不断健全、完善企业管理的方方面面，这样才能增强企业在市场方面的应变能力，增强企业应对风险的能力，提高效率，降低成本，让企业在激烈的竞争中脱颖而出。

构建企业管理流程，制定现代化企业管理制度，能帮助企业消除阻碍发展的陈旧东西，同时最大限度地汲取新事物、新经验，让企业更有凝聚力与向心力，从而更好地完成企业目标。

在实行现代化企业管理时，我们还要注意一点：企业的所有管理模式、管理制度都应该是开放的，尤其是企业的用人制度、考核制度和激励制度，都必须是公开透明的，只有让员工有章可循，有规可依，才能构建健康、积极的工作环境。也只有这样，才能让员工自觉主动地为企业发展出一份力。

二、我国新型地勘企业管理的必要性

某地勘企业为了适应时代发展，积极构建了新型地勘产业发展模式。该企业通过深入学习并贯彻国家地勘产业的发展战略，制定了一套“以改革创新为动力，以转型发展为重点，深化企业改革，优化产业布局，推动战略合作，加大市场开发，强化经营管理，加快科技创新，确保发展质量，全力推动经济跨越式发展”的管理策略，使各项工作取得了新的成效。

根据该地勘企业的财务数据统计，其在 2018 年，全局完成营业收入 216 亿元，同比增长 18.1%；利润总额 4.65 亿元，同比增长 21.8%，营业收入和利润总额增幅均超过同类企业平均水平；成本费用总额占营业收入比重的 97.09%，资产负债率的 59.5%。主要指标均超额完成了企业制定的目标任务。

从例子中我们不难看出，国有地勘企业为了在新时代站稳脚跟，纷纷开始研究推行新型地勘产业业务，并以此谋求利益的最大化。

随着时代的进步，我国地勘产业也发展得越来越迅速，同时也为国民经济的健康发展做出了重大贡献。可随着改革开放进程的不断加深，市场化进程的逐步深入，以及矿产市场的变化莫测，我国地勘产业也面临着巨大挑战。

近年来，全球经济复苏缓慢，中国经济进入中高速增长的新常态。在宏观经济下行、矿业市场低迷、地质勘查市场急剧萎缩、竞争加剧的行业形势下，地勘企业应紧紧抓住国家战略调整与经济结构调整的有利时机，加快推动产业结构转型升级，这样才能将地勘企业发展成新型能源矿产领域中具有核心竞争力的资源型企业。

基于此，我国地勘产业应针对地勘行业发展的现实问题，总结其影响要素，构建新型地勘产业发展模式，以适应经济新常态形势下我国经济社会发展的现实需要。

构建我国新型地勘企业，其重点自然要放在管理层面。

前面已经提到，我国地勘企业之所以要转型成为新型地勘企业，是因为管理者们对经济环境进行分析后，发现了现代企业都处在一个“企业转型期”中。新型地勘企业的意义，就是将企业在工业时代以来就默认的以“产品为中心”，逐渐转型成以“需求为中心”。

新型地勘企业可以通过有针对性的管理，让企业用最小成本来获取利益最大化，同时还能提高生产效率与工作效率。这样一来，新型地勘企业便能达到既稳定员工，又让企业在竞争中屹立不倒的目的。

在绝大部分企业中，产品的研发和生产，总的来说都离不开人才、技术与设备，新型地勘企业尤为如此。因此，只有保证人员技术过关、生产设备能够正常运行，才有可能保证产品的研发，以及生产的顺利实施。

新型地勘企业对人才、技术及设备的管理都要非常严格，管理就像企业的灵魂，人才是企业的主躯体，设备是企业可见的四肢，而技术则是企业的神经脉络。如果没有灵魂，躯体和脉络是无法工作的。同样，没有躯体和脉络，管理也不过是一纸空文。

在新型地勘企业中，人才管理、技术管理与设备管理，都从侧面反映出该企业的管理效益与管理水平。没有哪家企业，能在缺少人才、技术与设备的时候，还能获得良好的企业效益。

因此，新型地勘企业的企业管理的必要性有以下几点：

（1）通过管理，新型地勘企业的运作效率能够增强；

（2）通过管理，能让企业的发展方向得以明确；

（3）通过管理，能让地勘企业的各个员工都发挥其优势和潜能；

（4）通过管理，能让新型地勘企业的财务清晰，使其资本结构合理化，投融资更加适当；

（5）通过管理，能让新型地勘企业为顾客提供更优质的产品和服务；

（6）通过管理，可以树立良好的企业形象，为社会多做贡献，实现地勘企业的企业精神。

当然，归根结底，我国新型地勘企业管理的最终目的是提高企业的经济效益。

三、我国地勘企业发展创新点及管理

某煤炭地勘企业为了夯实业务基础，决定就地理信息产业技术进行重点突破，并且已经取得良好进展。

目前，该地勘企业的大比例尺测图技术已经日臻成熟，而且已经有所属公司率先实现了基于航空 INSAR 成功测制 1：10000 3D 产品。在高光谱分辨率、高空间分辨率数据处理和应用方面，该地勘企业也取得了突破，其被广泛应用于土地、环境地质、区域地质、矿产调查、重大工程选址等领域。大型数据库建库与地理信息系统开发技术取得新突破，在石油管道监测领域确立了优势地位。

除了地理信息产业技术外，该地勘企业还积极创新了基础工程施工成套技术，并掌握了工程地质勘查、井筒冻结、钻孔灌注、旋喷、挤密桩、帷幕注浆、边坡锚固、非开挖定向钻进、连续墙等各类基础工程的施工技术，建立了以大型专用桩机为龙头，各种专用机械设备配套齐全，多种施工工艺为一体的基础工程施工技术体系。

随着建筑施工技术日趋成熟，该地勘企业形成了一套完整的地勘技术体系。

从例子中我们不难看出，创新始终是企业立于不败之地及大力推动企业发展的重要手段。目前，我国地勘企业发展迅速，以煤炭地勘单位为例，其已经在煤矿地面特殊钻探方面取得重大成就，并且发展了煤矿大口径特殊井钻井技术，多工艺快速、精准钻井技术等。除此之外，煤矿井下钻探工作取得较大进展，欠平衡压力钻井、大位移定向井钻井、水平分支井钻井、“U”形井钻井等钻井施工技术也逐步完善。

自“十二五”以来，我国煤炭地勘企业积极响应国家号召，在矿产资源评价和勘查技术方面取得新进展，并建立了以地质填图、遥感、物探、钻探、测试等技术手段为一体的地质综合勘探技术体系。勘探精度也显著提高，从普通三维地震技术发展为高密度全数字三维地震技术、高精度资料处理技术、全三维解释技术、三维可视化及属性体解释技术为一体的新一代地震技术，并得到广泛应用。在水工环方面，水文地质理论与勘探核心技术体系已经建立，地勘产业已逐步形成了基于构造控水理论为核心的供水水文地质综合勘查技术。这种技术是以基于地下水系统理论的煤矿床水文地质勘查方法和思路，以基于多充水水源矿床理论的矿床水文地质勘查类型，以基于综合水文地质物探的综合水文地质勘查手段，以基于地下水水资源评价的煤矿床涌水量评价方法、顶板突水危险性评价方法、底板突水危险性评价方法等为核心的煤矿防治水综合勘查评价技术体系。

随着“地—井—巷”水文物探联合探测技术初步形成，我国地勘产业在跟踪、学习、应用矿区生态环境恢复与治理技术、浅层地温利用技术、干热岩钻探工艺技术等方面取得了一定成效。

取得如此多成就的背后，与一套切实可行的创新管理体系是分不开的。

从整体上看，虽然我国地勘产业较以前有了进步和提高，也为地勘产业的经济发展提供了一定的支撑，但与一些其他国家相比，我国地勘产业的科技创新水平还比较低，科技创新成效有待进一步提高。因此，我国地勘企业的创新管理应从特色技术、核心技术入手，具体方法如下。

1. 设置人员创新意识管理机制

在设置人员管理机制时，要将重点放在文化管理层面，如将创新意识融入企业文化、企业精神、企业目的、企业标语中，让领导者、科技人员和普通员工对地勘企业的创新有一个正确的认识，并且将科技创新当成企业发展的关键驱动力。

只有增强科技人员的科技创新意识，并不断了解、掌握与应用高新技术，优化自身知识结构，才能在竞争激烈的社会环境下不被淘汰。

2. 设置科学的创新激励管理机制

如果不能设置科学的科技创新激励管理机制，就会造成科技人员科技创新积极性不高、主动性不够，重视创新、崇尚创新、支持创新的氛围不浓等问题。

因此，地勘企业应将创新列入奖惩制度中，让创新与科技人员的切身利益挂钩，这样才能激发科技人员的创新积极性。随着科创板的开市，以及国家有关部门分别出台的股权配置、收入激励、延迟退休等一系列激励科技创新举措的出台，对地勘企业提升科技创新水平将起到更好的催化作用。

3. 设置科技研发与生产经营、市场需求紧密结合的管理机制

从目前来看，我国地勘企业的人员构成基本是或精通专业，或精通市场，将技术与市场紧密相连的综合性人才却严重不足，特别是对市场需求变化敏锐，能把握行业发展方向，引领行业发展、潜心研发的领军人才和高精尖专业技术人才十分匮乏。长此以往，地勘企业的科技创新团队建设必将滞后，将造成无法满足重大科技攻关需要的

后果。

因此，我国地勘企业应将科技研发与生产经营、市场需求进行综合管理，协调推进，扩大这三方面的交集部分，制定相应管理制度，重点培养交集区域的综合性人才，才是转型升级、实现更好发展的途径。

第二章

为什么地勘企业更需要改革与管理

一、“事企分离”环境下的地勘企业

企业管理，指的是企业对自身的生产经营活动，依照一个行之有效的标准，来实现组织、计划、指挥、监督和调节等一系列职能的总称。

对现代企业来说，使用科学的方式对企业进行管理，无疑能让企业的运作效率大大增强，同时能确定企业的发展方向，形成共识，加强员工的凝聚力与向心力，激发员工潜能。

在企业推进现代化管理，还能让企业的财务更加清晰，让资本结构与融资投资更加合理，帮助企业树立形象，为社会做出贡献。

对于地勘企业来说，“事企分离”是其大背景，在这样的背景下推进现代化企业管理，能帮助地勘企业提升运作效率，提高企业的经济效益。须知，如今的国企已不是曾经那个让员工抱着“铁饭碗”安稳度日的地方了。要生存，就要靠竞争，要提高企业竞争力就要靠科学、合理的现代化企业管理制度。

现如今，又是一轮毕业季，小王跟舍友们坐在一起吃“散伙饭”，酒过三巡，几个人都对今后的事业规划做了打算。

小李说道：“我打算进国企，我舅舅是国企人事部的。而且，谁不知道除了公务员，国企就是‘铁饭碗’。只要进了国企，这辈子就衣食无忧了。”

小赵摇了摇头："哎，现在国企也改革了，哪还有什么'铁饭碗'呢。就算有关系，你也要参加笔试、面试，这年头，没有真本事已经不行了。"

小王也说道："是啊，我准备参加××地勘公司的考试，他们单位缺的几个岗位，恰好跟我的专业对路，希望我能通过考试，实现自己的地勘梦吧！"

大家又就国企问题聊了一会儿，然后祝福彼此在毕业后都能如愿以偿地获得心仪的工作。

国企已经加入激烈的市场竞争中，而国企员工们也再不能捧着"铁饭碗"，过"安逸"的日子了。国企如果不能进步，就要被市场淘汰。同样，国企员工如果没有真才实学，也会被企业淘汰。

地勘企业改革的初衷，就是为了提高效率、提升活力。为此，地勘企业在管理层面亟待解决的问题，就是"政企不分""政资不分"。

在完善国有资产管理体制的同时，我们需要明确政府扮演的角色。作为国企，我们更不能靠着国家过日子，而是要在企业中起到表率作用，为国家回馈更多的资本，确保资产保值增值。而在"事企分离"的环境下，管理者需要解决的就是企业竞争力与工作效率的问题，只有完善管理结构，建立市场化管理体制，才能优化地勘企业结构，使其更上一层楼。

所谓地勘企业的"事企分离"，就是地勘企业要在编制管理、职责定位、机构设置、运行方式等方面与政府区别开来，并且要体现出地勘企业的社会价值、竞争价值。简单地说，就是地勘企业不能披着企业的外衣继续等靠要，不能被封闭保护，故步自封，而要参加残酷的市场竞争，并在竞争中百尺竿头，更进一步，在竞争中实现更好的发展。

当前，我国地勘产业的大部分企业仍旧缺乏民主和监督机制。由于实行的是全员劳动合同制，所以，员工能否抓紧自己的饭碗，直接取决于管理者。员工在遇到不公正待遇时，只能敢怒不敢言，不敢对不合理的措施有任何非议。而且，地勘企业在没有科学监督的管理机制时，就会出现一级专管一级、"小领导大权独揽"等情况。

对于基层来说，他们没有参与制定企业决策的权利，也会导致政策规定的实施是否有效得不到合理的反馈，而且基层职员的意见也无法反映给上级，企业有效的沟通协调机制没有建立。这样一来，企业职工就失去了监督权，也失去了参与企业发展的积极性，只会一味地完成上级交代的任务，而不管任务的合理性。

虽然地勘企业在建设初期，通过国家的政策、资金扶持，能够有效地进行经济拓展、夯实基础、维护经济社会资源所需、提高经济安全性等，也能有效地避免全球化、金融化带来的负面影响，保持经济的安全稳定和发展。但随着时代的不断进步，滞后的管理体制，落后的管理方式，人浮于事、安于现状的队伍状况，严重制约了地勘企业的发展，只有放手让其在竞争中求生存，才符合市场规律，才是促进企业变革发展的不二真理。

在这种情况下，管理者应当找出“事企分离”下地勘企业存在的问题，革新陈旧管理模式的弊端，同时具体问题具体分析，深化改革，提升管理，制定一套切实可行、直戳痛点的管理机制，才能更好地保障国家资源、维护国家利益。

二、深化改革，用好管理，才能更好地保障国家资源

某地勘企业因为缺乏一个合理的财务管理制度，导致其财务管理职能薄弱，财务人员的工作能力也比较薄弱。而且，该地勘企业领导者没有制定一个完善的考核制度和奖惩机制，造成下面的管理者缺乏对经营者完善的考核、奖惩机制，不利于企业的发展。

该企业领导者王伟民（化名）还发现，企业里有人牟取私利，让财务人员在财务信息上做手脚，从而让企业的会计信息变得虚假难查。

虽然王伟民引进了国外地勘企业的管理方法，但由于双方情况不一样，新的管理制度收效甚微，眼看手下的人逐渐“权势滔天”，王伟民内心十分焦虑。

这时，秘书小康对他说道：“我们为什么不建立一套监督机制呢？这样可以从内部进行控制管理，并且构建一个全面预算管理制度，制定

相关的财务监督措施，把责任落实到个人，保障咱们企业的资金安全。"

上一节我们已经提到，只有找出新形势下我国地勘企业在管理方面存在的问题，才能有效保障国家资源，维护国家利益。下面，我们就来具体解读一下，当前地勘企业在管理层面上究竟有哪些不足，具体解决方法又是什么。

1. 管理制度不完善

作为国民经济的支柱，国企普遍存在的问题就是管理制度不够完善，地勘企业也是如此。管理制度是企业用来管理日常工作的根本依据，也是开展所有活动的根本依据，虽然我国地勘企业已经在改革进程中获得了明显改善，但在管理方面还是存在很多问题。

比如，某些地勘企业一味地引进国外企业管理制度，却忽略了结合自身行业的实际情况，导致问题出现时没有相关管理制度可以遵循。还有一些地勘企业为了提升管理水平，经常生搬硬套其他行业企业的制度，在实施过程中经常出现水土不服的现象，反而拖慢了自身管理工作的进行。

这类问题的解决方法很简单，就是完善现有的管理制度，必要时重新制定具体的现代企业管理制度。在管理制度的建立过程中，要重点考虑地勘企业的行业特点，以及考虑创新问题、改革力度，同时完善地勘企业的法人治理结构，让董事会、监事会、管理层与党组织各司其职，又彼此合作，并且要加强地勘企业的内部监督，强化监事会的科学管理职能。

对员工来说，构建合理的奖惩机制，实行绩效考核，规范报酬管理，可以从基层确保地勘企业的可持续健康发展。

2. 地勘企业的内部制约机制不完善

每家企业都需要制约机制，这样才能避免内部缺乏规范的、统一的管理。由于以往地勘企业沿袭的是事业单位管理模式，经营者具有绝对的管理权和人事权，所以在各个方面，机制都会受到地勘企业经营者的制约，很可能让相关的管理机制流于形式，变成一纸空文。

目前来说，我国地勘企业因为思想意识上“铁饭碗”“大锅饭”的现象还存在，由此带来的进退机制尚不健全，所以无法制定完善的制约机制。所谓制约机制，就是通过民主手段或法律手段，有效地对地勘企业经营者进行限制与约束。若想将这一点广泛应用，就需要地勘企业经营者自愿接受相关制约机制的管理，如果企业经营者不愿接受，就需要依靠外部监管，对其进行强制性监督管理。

3. 外部监管没有形成合力

事实上，我国地勘企业的监督工作，通常分散在政府监察、审计等各个部门。所以，当前存在的问题就是外部监管部门很多，但它们都有自己的工作，且不能在彼此间形成有效的合力，导致谁都没有履行监管职责的局面出现。

地勘企业管理方面出了问题，却找不到具体的负责部门，这成了很多问题滋生的原因。各个外部监管部门的职责有限，所以地勘企业必须设置一个具体、科学的监管制度，国家也需要完善相关的法律法规，用科学的监督机制，将责任具体细化到各个外部监管部门，并促使其形成管理合力，这样才能强化外部监督部门的职能，起到一个良好的监管震慑作用。

同时，在经济全球化的今天，我国地勘企业还应该根据自身的实际情况，科学、合理地制定有利于提升企业管理的机制。只有不断强化地勘企业的管理机制，才能进一步提高相关人员的专业水平与修养，提升地勘企业的综合管理水平。

第三章

大机会时代下，我国地勘企业需要面对的现状及问题

一、我国地勘企业发展现状

当前，我国地质勘查、能源和矿产资源需求结构正在发生着重大变化，经济发展和经济结构调整带动地质勘查行业发生了新的变化。

国家和地方政府在制定经济发展规划时需要地学资料和资源作为支撑；经济结构转型，国家在布局工农业生产、基础设施和国防建设时需要地学资料和矿产资源资料为经济社会发展提供基础性地质保障；国家建立矿产资源节约集约利用新机制，着力提高矿产资源的“三率”水平，需要地质技术作为支撑；以信息化、智能化为代表的战略性新兴产业将拉动锂、钴、“三稀”、晶质石墨等新能源、新材料矿产资源的需求增加；绿色矿山建设将给传统地质技术服务带来新的机遇和挑战；信息化、网络化、智能化将为遥感及地理信息、智慧矿山、智慧城市、智能化环境监测、地质灾害监测预警等提供更大的发展舞台。

具体以国内某大型地勘企业为例：

2014—2016 年，某地勘企业累计完成经营收入 415.62 亿元，实现利润 10.41 亿元。

其中，地质勘查收入 43.69 亿元，占收入总额的 10.51%，实现利润 3.29 亿元，占利润总额的 31.60%；

地下工程收入 161.33 亿元，占收入总额的 38.82%，实现利润 2.38

亿元，占总额的22.90%；

水环地质收入20.16亿元，占总额的4.85%，实现利润1.81亿元，占总额的17.38%；

新型能源矿业开发收入120.97亿元，占总额的29.11%，实现利润1.11亿元，占总额的10.62%；

辅助产业收入54.50亿元，占总额的13.11%，实现利润0.97亿元，占总额的9.36%；

地理信息收入14.85亿元，占总额的3.57%，实现利润0.82亿元，占总额的7.87%；

生态与农业地质收入0.11亿元，占总额的0.03%，实现利润278万元，占总额的0.27%。

从上面的数据中，我们不难看出，该地勘企业的发展现状较好。其中，盈利最多的是地勘企业的支柱业务——地质勘查，其次是地下工程与水环地质业务。

下面我们来具体解读一下各项业务的发展现状。

地质勘查

地质勘查为地勘企业的传统主业，并且在全部二级单位内都有涉猎。虽然地质勘查的业务覆盖区域市场分布在全国26个省区，但目前来看，这项业务的收入与利润均呈逐年下降趋势。

水环地质

虽然水环地质的覆盖区域市场分布在全国17个省区，但从近年的形势来看，水环地质的收入和利润都呈现逐年下降的趋势。随着国家生态文明建设的不断深入，此部分业务或将迎来新的发展机遇。

地理信息

地勘产业的地理信息业务覆盖区域市场分布在全国20个省区，且其经营收入呈逐年上升态势，其经济发展也相对平稳。

新型能源矿业开发

目前，我国地勘产业的新型能源矿业开发产业以矿产品贸易为主，该业务覆盖区域市场分布在全国 14 个省区，其收入和利润呈逐年上涨趋势。

地下工程

地下工程业务覆盖区域市场分布在全国 29 个省区，其收入和利润均呈快速增长态势。

生态与农业地质产业

生态与农业地质产业是我国地勘企业的重点发展和布局的新兴产业，是未来需要大力发展的产业之一。

辅助产业

地勘产业的辅助产业业务覆盖区域市场分布在全国 19 个省区，其有较为明显的收入，但来源不太稳定。

我们可以从某地勘企业的各产业投入—产出统计表中看出，我国当前地勘产业发展现状所呈现出的特点。

表 3-1　某国内地勘企业各产业投入—产出统计表

单位：亿元

产　业	资产占用额	投入产出率		资产贡献率	
		收入	%	利润	%
地质勘查	26. 05	11. 26	43. 22	0. 76	2. 92
水环地质	8. 31	5. 72	68. 83	0. 43	5. 2
地理信息	3. 21	5. 20	1. 62	0. 43	13. 4
新型能源矿业开发	4. 26	45. 41	10. 65	0. 44	10. 33
地下工程	19. 79	64. 79	3. 27	1. 49	7. 5
生态与农业地质产业					
辅助产业	22. 86	12. 60	55. 12	0. 41	1. 79

注：投入产出率=年度经营收入÷资产占用额
　　资产贡献率=年度利润额÷资产占用额

二、国企大改革，地勘企业的积极思变

20 世纪 90 年代，中小型国有企业正式开始私有化改革。此后，国

有企业在一般性行业开始了大幅退出，而国有经济的重点也向投资规模巨大的基础设施、基础原材料、能源开发等关键行业转移。

其实，一些国有中型企业和小型企业在大体上处于亏损状态，不但不能盈利，反而要靠政府扶持。只有一些大型国企能够盈利，充分显示了其作为国有大型企业在我国中流砥柱的作用。当然，我国国有大企业与国外大企业相比，还是存在不小差距的。

一是国有大型企业数量少；二是大部分国企效益较低；三是生产集中性低；四是综合性联合集团少；五是国企没有合理的分工；六是大部分大型国企均分布在垄断性领域。

地勘企业从自身实力、产业发展、行业特点上，均无法和国内超大型国有企业相提并论，且呈现出单个企业规模较小、施工为主的情况。在看到这一点后，我国地勘企业响应国家号召，积极思变，将地勘企业改革放在市场经济之内，推进自身的现代企业制度的建立，并逐渐让自己融入市场中。

实际上，在国企大改革时代，多数大中型企业把核心资产剥离出来，重组后上市。

例如，英国在 20 世纪 70 年代后期，其国有企业出现了大规模的亏损，尤其是英国的地勘企业，让政府感到负担越来越重。当时，垄断引发的低效率让民众们大感不满，其产业升级转型压力也较大。对此，英国政府采取“发行股票”和“资产出售”两种方式，另外，还通过特别股权来保障国家对关键企业的控制权。

再如，20 世纪 80 年代的法国，可以说是所有发达国家中国有化程度最高的国家。当时，法国的国企几乎垄断了所有煤炭、电力、铁路和航空产业。但是随着新兴产业的兴起，传统产业亏损日益严重，法国的国企面临经营困难的状况。而法国政府的改革方案，则是通过公司化改革，让经营效益好的公司上市。政府与国有企业实行合同制。这样既活跃了市场，又促进了竞争。

除了英、法两国外，德国的国有企业也存在效率低下、管理落后等问题。德国政府先从制造业和原材料行业入手改革。采取“股权转让”

和“直接出售”两种产权改制模式，主要包括以出售、减持、退出等方式引入竞争机制，打破垄断。但其国企改革的改制相对较缓慢。现如今，中国也进入了新一轮改革期，经济社会发展也对新一轮改革提出了更高的要求。

2013 年以来，历次全国国有资产监督管理工作会议都为国企改革方向提出了指引。其中，深化多元投资主体股份制改革，支持非公有制经济参与国企改革成为改革目标的重中之重。其中，2013 年国务院常务会议研究部署引导民间投资、外资健康发展的措施，提出：“尽快在金融、石油、电力、铁路、电信、资源开发、公用事业等领域向民间资本推出一批符合产业导向、有利于转型升级的项目，形成示范带动效应，并在推进结构改革中发展混合所有制经济。”我国总理李克强同志也在英国《金融时报》上指出：“我们已经并将进一步通过简政放权，推进结构改革，发展混合所有制经济。”

自从 2008 年国际金融危机以来，随着国家 4 万亿元政策的出台，也有大量的投资资金流入了我国地勘企业，但随着新常态经济的到来，矿产资源市场的逐步下行，非油气地勘市场投入逐年减少，这让我国地勘企业的杠杆率不断攀升。这种资源错配也降低了经济运行效率，拉低了我国地勘企业的市场竞争力。

我国地勘企业的分布范围很广，几乎每个省区都有自己的一批地勘企业，而且每家地勘企业的市场领域和技术服务水平大同小异，导致竞争激烈，产业趋同。因此，只有地勘企业自上而下积极变革，才能在市场竞争日益激烈的今天保持活力，迎接未来更艰巨的挑战。

三、影响我国地勘企业发展的问题、机遇与挑战

某地勘企业为了提高科技人员专业技能，让企业在市场竞争中不被淘汰，特意召开了一次关于企业发展的企业大会。在大会上，发言人从宏观经济形势，以及当前市场环境等方面入手，明确地分析了影响地勘产业发展的问题。

同时，他还做出了自己的预测：“未来 5 年，地勘企业中的地理信

息产业将会迎来发展的黄金时期。因此，所有与地理信息产业有关的企业和资本将会涌入。为了适应产业发展，我们一定要活用企业管理，壮大自身，谋求发展的新出路。”

例子中的发言人，在大会上从宏观经济形势，以及当前市场环境等方面分析了影响我国地勘产业发展的问题。要想更好地管理地勘企业，要想有针对性地制定管理内容，就要明确是什么影响了当前地勘产业的发展，下面我们来具体分析一下。

（一）宏观经济形势方面

1. 世界经济面临深度调整

当前，全球经济的增长速度都明显放慢，加上全球化影响，各种政治问题、经济问题及地缘因素等相互交错，使地勘产业面临调整。因此，地勘产业的主要经济产业的增长速度，普遍还是低于潜在增长率的。

世界经济将经历深度调整，我国政府需要着力应对好总需求收缩、产业结构调整、资本跨境无序流动等深层次矛盾和问题。这对于地勘企业的各产业板块发展，特别是实施“走出去”战略，必将产生深刻影响。

2. 科技革命和产业变革深刻冲击传统产业

新一轮科技革命和产业变革正在创造历史性机遇。这种机遇催生了智能制造、大数据、“互联网+”、物联网、分享经济等新科技、新经济、新业态，这些内容都蕴藏着巨大商机，也给传统产业带来巨大冲击或颠覆式革命。新形势、新情况催促地勘企业必须积极应对市场环境变化，加快转型升级、创新发展步伐。

3. 我国经济发展处于“新常态”

目前，我国的经济发展已经进入到新常态阶段，经济形势也从高速增长转向中高速增长，经济发展动力正从传统增长点转向新的增长点，经济发展将转入以质量和效益提升为主的新阶段。伴随着“高成本时代”的到来，土地成本、原材料成本、能源成本、人才成本、劳动力成本、资金成本、物流成本、交易成本等各种成本全面上升，这些都给地勘企业的发展带来了巨大挑战。

4. 国家战略为企业转型发展提供机遇和动力

“一带一路”、京津冀协同发展、长江经济带战略、“中国制造2025”以及国家找矿突破战略行动的实施，不仅在长远上推动了中国经济发展，还让中国经济继续引领区域经济乃至全球经济的发展，同时，这也必将带动建筑及基础设施、资源勘查、环境保护和生态修复的需求，必将为企业转型发展提供难得的机遇和动力。

随着“一带一路”倡议的实施，我国及周边相关国家对矿产资源的需求将持续扩大，更会加速地勘企业的地质勘探、矿产开发及地理信息等业务的拓展。

（二）产业发展及市场环境方面

1. 全球矿业形势持续低迷

全球矿业形势短期内难以好转，仍将持续低迷的态势，大宗矿产品价格难觅回升的动力，矿业融资困难，进入深度调整期。

全球矿产勘查开发热点正从加拿大、澳大利亚等传统矿业大国转向资源丰富的拉丁美洲、非洲、中亚等地区的发展中国家；海底矿产资源、高海拔和极地地区逐渐成为勘查开发的新热点；中东地缘政治形势、日本核电危机以及美国以页岩气为代表的非常规能源开发，对全球能源供应形势和能源价格走势产生重大影响，全球能源供需格局发生了重大变化。

我国矿业发展进入调整期，采矿业固定资产投资保持增长，但增势趋缓，占全国固定资产投资的比重在下降，煤炭开采和洗选业固定资产投资连续两年负增长。在矿业经济下行背景下，我国矿业面临新一轮的资源、资本、技术等要素重组，将对国内资源供求产生深刻影响。

2. 地勘产业面临转型升级

我国经济社会已经进入工业化中后期，煤炭需求的比重将不断降低，能源与矿产资源需求结构正在发生重大变化，发展清洁低碳能源将成为主攻方向，这将会进一步推动油气、页岩气、天然气水合物、铀、地热等清洁能源的勘查。

以智能制造为主导的第四次工业革命，将会使战略性新兴产业所需的锂、钴、稀土等矿产资源逐渐成为需求重点。资源开发中的生态环境问题日益受到关注和重视，资源环境承载力接近“天花板”。

因此，地质勘查行业必须更加自觉地通过科技创新寻求找矿突破，通过技术进步高效利用资源；更加主动地适应新常态形成的新需求，及时调整勘探开发布局，积极拓展多元化服务领域；更加积极地利用两个市场、两种资源，在立足国内市场的同时，着眼于全球矿业市场，拓展新空间。

3. 水工环灾等生态文明地质服务产业市场前景良好

水工环地质是实施资源保障、环境保障工程的坚实基础。目前，我国已进入全面建成小康社会的关键时期，工业化、城镇化、市场化和国际化步伐加快，环境问题也更加突出，地面沉降、崩塌、滑坡、泥石流等地质灾害频发，地下水枯竭，土、水等污染严重，重金属污染持续加重，地质环境问题突出，环境生态管护压力增大。

因此，进一步拓宽地质工作服务领域，加强城市地质、农业地质、工程地质、海洋地质工作，提升防灾减灾和保护地质环境的能力，保护环境、促进生态文明建设等任务变得迫在眉睫，但这也给地质工作带来非常广阔的发展空间。

4. 地下空间及基础工程建设产业发展前景广阔

我国建筑工程行业已进入完全市场竞争阶段，行业集中度高，竞争日益激烈。随着国家持续推进工业化、城镇化进程，在未来 20~30 年内，中国经济将保持平稳中高速增长，固定资产投资将继续保持中高位。

对基础工程建设产业而言，房建市场需求增速放缓但空间依然巨大。随着中国加快城镇化建设，“十三五”期间，我国海绵城市及地下综合管廊建设将加速，全国各大城市都将相继开展城市地下管线综合普查及探测工作。

5. 地理信息产业发展空间巨大

近10年来，我国地勘产业中的地理信息行业一直保持高速增长，年平均增长率超过20%，成为瞩目的朝阳产业。据国家测绘地理信息局预测，2020年我国地理信息产业预计总产值将达到8000亿元，触摸万亿元关口，未来年均增长将超过20%，将成为国民经济发展重要的新增长点。

目前，我国地理信息产业已初具规模，但总体上仍处于起步阶段。国际地理信息产业迅速发展，全球地理信息市场竞争加剧。

第四章
当前政策环境对地勘企业的影响

一、国有企业改革政策环境分析

回顾历史，我国地勘事业是伴随着新中国的成长而逐步发展的。

在地勘行业改革的启动阶段，一些地勘单位不断探索，并逐步形成了初步的企业观念，开始制定改革方案和真正走向市场。在此期间，国家对地质行业进行了整体调整，一些中央地勘单位成为国务院国资委下属的大型中央企业；大部分地勘单位则下放地方，实施属地化管理。

在推行企业化改革、搭建企业运行基本架构的初步阶段，地勘单位在尝试事企分体运行的基础上，探索企业发展道路。在产业发展方面，开始实施产业结构调整，明确主业板块，也曾出现“两轮齐驱”的大搞多种经营的局面，但均收效甚微。从长远来看，地勘行业的未来任务是明确企业运行的体制机制，提高市场化竞争所需要的经营管理能力，构建可支撑企业不断做大做强的业务布局，最终成长为机制健全、发展动力强劲、实力雄厚的经济主体。

与此同时，为了让国企具备更强的竞争力，国家专门制定了相关改革政策。具体包括以下四个方面。

1. “新常态”背景下中央大力推进供给侧结构性改革

在“三期叠加”的大背景下，影响经济增长的结构性问题更加突出。

为此，国家开始推行供给侧结构性改革，从以往的投资、出口、消费的需求侧进行刺激的方式，开始向简政放权、创造需求、增强活力、动力等供给侧方面引导发展，目的就是通过供给侧结构性改革，增强企业竞争力，减轻企业税费负担，让企业轻装上阵。

企业的融资成本降低后，其金融对实体经济的支撑能力就会增强，此时更适合进一步简政放权，助力创业创新等。

这些举措必将大大缓解产能过剩的局面，激发出经济发展的新动力。

2. 国有企业改革任务重、要求高

2015 年，李克强总理多次提出，要打好国有企业改革攻坚战，优化国有企业结构布局，加快从非主业领域、缺乏竞争优势的领域及一般产业的低端环节退出，严控产能过剩行业和投资，促进国有资本更多向关系国家安全、国民经济命脉的重点行业和关键领域集中，培育市场竞争新优势。

3. 事业单位改革稳步推进

近 20 年来，国家对事业单位不断进行改革。

特别是党的十八大、十八届三中、四中全会后，国家提出了“加快事业单位分类改革，让市场在资源配置中起决定性作用”等要求。从发展趋势上看，事业单位改革势在必行。就地勘行业来看，绝大部分属地化管理的地勘单位分类改革已初步定论。

当前，地勘单位一部分属于国有企业，一部分又有着事业单位的性质，所以更需要顺应国家政策的要求。与其被动地等待政策的改变，不如主动把握政策的机遇，率先改革，最大程度地发挥政策优势，迎接变革，加速发展步伐。应该说，坚持走市场化、企业化道路，是地勘企业改革发展的必然途径。

4. 全面推进依法治国对企业管理提出新要求

十八届四中全会提出，全面推进依法治国，总目标是建设中国特色社会主义法治体系，建设社会主义法治国家。对于国有企业来说，在全面推进依法治国的形势下，必须将法治理念融入企业管理，提升员工法律素质，推进企业制度化、规范化建设，全面防范法律风险，维护企业合法权益。

因此，我国地勘企业需要根据当前的国企改革政策环境，来制定具体的改革管理计划，只有沿着国家对国有企业的改革方向走，才能顺应当前局势，让地勘产业更加蓬勃发展。

二、企业深化改革首先要建制

党的十五届四中全会通过的《中共中央关于国有企业改革和发展若干重大问题的决定》指出“公司法人治理结构是公司制的核心。要明确股东会、董事会、监事会和经理层的职责，形成各负其责、协调运转、有效制衡的公司法人治理结构”。

自党的十八大以来，健全法人治理结构成为我国深化国企改革的中心工作。国有企业改革，是国家为了实现让国有企业做大做强方针的战略步骤，也是为了让国有资本实现保值增值，让国有经济提高竞争力的重要举措。

更好地贯彻国家方针，建立一个良好的国有企业管理制度，是我国地勘企业迫切要做的工作。

尤其是国务院国资委成立以来，一直在致力推进规范董事会建设工作。因为董事会是国有企业治理的核心对象。

2017 年 4 月，在国务院办公厅印发的《关于进一步完善国有企业法人治理结构的指导意见》中，国家提出要加强董事会建设，落实董事会职权。董事会是公司的决策机构，更需要优化董事会组成结构、规范董事会议事规则、加强董事队伍建设。

根据有关数据来看。目前，国有企业完善法人治理结构和董事会建设工作取得全面进展。据 2017 年数据统计，中央企业中已有 87 家建立了董事会，其中 83 家外部董事占多数，二级子公司的国有独资、全资企业中近一半建立了董事会，各省级国资委出资企业中有 92%已建立董事会。

自从国企改革的纲领性文件《关于深化国有企业改革的指导意见》发布以来，国企改革全面深化。此后，国家还相继发布了多份相关文件，形成了一套较为完整的国企改革顶层设计方案。截至2017年10月，围绕《关于深化国有企业改革的指导意见》，共出台了22个配套文件的“1+N”政策体系，形成了顶层设计和四梁八柱的大框架。

《关于深化国有企业改革的指导意见》提出，要分类推进国有企业改革、完善现代企业制度、完善国有资产管理体制、发展混合所有制经济、强化监督防止国有资产流失、加强和改进党对国有企业的领导等相关要求。

目前，国务院国资委对中央企业集团层面公司制改制方案已全部批复完毕，工商登记变更工作正在有序推进。当然，现在市场上还有一些全民所有制企业，有着事业单位与企业“双法人”身份，这也让事业单位企业化管理产生诸多弊端。

“事业帽子”是“输血”而不是“造血”机制，小富即安、不想改革的观念与该顶帽子有关；

“事业帽子”阻碍资本积累，使单位难以做大做强；

“事业帽子”使单位难以介入投资大、风险高、周期长的业务；

“事业帽子”下的地勘单位，国际化的发展受阻；

“事业帽子”使单位很难提升自主研发能力；

“事业帽子”阻碍了队伍建设中量的扩张和质的提升，使高端地质人才极其匮乏。

此外，事业单位和企业单位的单位属性、制度设计、监管体系有着本质的区别，对有生产经营能力的单位取得的收益，在弥补事业单位收入不足部分后，应如数上缴财政。显然，在事业单位体制下，要实现资本快速积累和加快发展的愿望难以实现。

而且，随着国家对事业单位收入财政管理的进一步规范，“戴事业帽子、走企业路子”的政策风险、市场风险、发展风险持续加大。

下一步，国有企业的改革方向，将是直接为公司建制，从根本上解决问题。

三、地勘企业改革必要性分析

1999年4月，国务院办公厅关于《地质勘查队伍管理体制改革方案》（国办发〔1999〕37号）下发之后，确定了中央和地方政府两级管理，加快企业化经营的改革发展方向，将地质地勘单位逐步改组成按照市场规则运行和管理的经济实体，推进了地质工作的根本转变。

但是，由于体制机制等多方面原因影响，20年来，这个行业改革严重滞后，基本处于以不变应万变的状态，全国“百局千队”的队伍格局基本没有大的变化。

据不完全统计，2015年底，全国具有地质勘查资质的事业性质队院1117家，绝大部分隶属全国约110家局级国有地质地勘单位。

《2018年度全国地质勘查行业发展报告》（地质出版社）指出，2018年，全国从事非油气地质勘查工作的单位（以下简称“地勘单位”）在职职工39.32万人（不含原武警黄金指挥部），较2017年减少8.20%，其中，地质勘查人员19.61万人，较2017年减少7.50%。2018年，全国地勘单位总收入1619.34亿元，较2017年增加0.64%，其中，地质勘查业收入608.75亿元，较2017年增加1.31%。2018年，全国地勘单位总支出1216.83亿元，较2017年减少6.14%，其中，地质找矿支出476.37亿元，较2017年减少10.83%。2018年，全国地勘单位总资产6491.30亿元，较2017年增加10.97%；总负债3333.06亿元，较2017年减少3.51%。

我国之所以对地勘企业进行重点改革，就是因为其地质地勘工作在社会经济中起到了先行性、基础性的重大作用。地质地勘工作与人类生活息息相关，其应用领域涉及经济、社会发展的方方面面。

地质地勘工作是国民经济建设和社会发展的基础性工作。新中国成立以来，经过地质工作者70年的找矿勘探，我国已发现矿产172种，石油、天然气、煤、铀、铁、铜、铝、铅、钾盐、硫、磷等45种主要矿产在国民经济发展中发挥了不可替代的作用。

其作用具体体现在以下四个方面：

（1）为工农业生产、国家基础设施和国防建设等提供所需地学资料信息、矿产资源信息，为国家经济社会发展提供能源资源保障；

（2）为国家和地方政府提供生产力布局、国土整治、社会经济发展规划等对策建议；

（3）为生态文明建设、矿产资源节约集约利用等基本国策提供地质保障；

（4）为防治地质灾害以及保护与改善人民生活环境，协调资源与环境发展做出重大贡献。

当前，我国地勘产业因为受全球经济下行，以及我国战略性结构调整的双重影响，致使矿业经济陷入持续低迷状态，地质矿业工作也出现了萎缩。

基于此，地质地勘工作的发展成为当前国企改制建制的重点。

从目前的全国地质地勘单位基本情况来看，我国的地勘企业基本上可以划分为三大类。

1. 由国家管理的地质地勘单位

国家管理的地质地勘单位包括中国地质调查局、中国冶金地质总局、有色金属矿产地质调查中心、核工业地质局、中国煤炭地质总局、中化地质矿山总局、中国建材工业地勘中心、武警黄金指挥部等主要地质地勘单位。

中国地质调查局由自然资源部管理，冶金和煤炭地质总局由国务院国资委直接管理，有色金属矿产地质调查中心隶属国务院国资委，核工业地质局由中国核工业集团公司管理，建材工业地勘中心由中国中材集团有限公司管理。

除此之外，三大石油公司、延长石油公司均还有大量的地质地勘单位。

2. 属地化管理的地质地勘单位

属地化管理的地质地勘单位管理方式多样，目前“一省数局”“一城多队”的情况普遍存在。部分省区对本省地质地勘队伍进行了整合优化，如广东省地质局在全省地级市进行了重新布局，在韶关、惠州、湛江等地市将原有的多个地质队整合为 1 个综合地质队，并在东莞、中山两市各新设 1 个综合地质队；山西地勘局按照地域相近、优势互补原则，对地处晋中、太原、运城、忻州、大同的 13 个地质队进行内部合并重组。

3. 其他地质地勘单位

其他地质地勘单位即各类获得地质勘查资质的矿业公司、科研院所、勘查公司和勘查技术服务公司等。

深化企业改革的必要性：

一方面地勘企业随着改革的深入，现有的管理体制问题凸显，难以适应国家经济新常态，有碍于发挥其应有的作用；另一方面面对新时代生态文明建设重大发展机遇期，深化企业改革，全面建立现代企业体系和体制机制，有利于优化配置，挖掘潜力，加快发展煤炭地质经济，进而实现做强做大。

（1）有利于更好地保障国家能源与矿产资源，夯实国家安全基础。目前，世界前八家跨国矿业公司拥有全球矿业资本市场 75%的份额，控制着世界大部分的铁矿和铝土矿资源。近年来，西方国家重新推行贸易保护主义，西方国家的矿业巨头和跨国公司凭借其雄厚的资本和早已占据的资源领地，不断兼并和垄断重要矿产资源。在全球化和竞争日益激烈的大背景下，地勘企业只有改革，实现深层次机制的转变，进而做强做优做大，才能成为具有全球竞争力的能源化工地质集团，才能更好地对内保障国家能源与矿产资源，筑牢国家安全基础，对外立足于人类命运共同体，发挥地质勘查大国作用，实现“一带一路”国家资源合作共赢。

（2）有利于落实国家对地勘行业深化企业改革的要求。2016 年

11 月，《中办国办印发〈关于从事生产经营活动事业单位改革的指导意见〉的通知》，明确提出转企改制的“时间表”；2018 年 2 月党的十九届三中全会又提出“要坚决破除制约使市场在资源配置中起决定性作用、更好发挥政府作用的体制机制弊端”；2018 年政府工作报告再次强调了“深入推进供给侧结构性改革、深入实施创新驱动发展战略、深化基础性关键领域改革”。因此，深化企业改革，推进公司管理体制和运行机制的转变，构建现代企业管理体系，是地勘企业贯彻落实党和政府对事业单位改革及地质工作指示精神的具体行动。

（3）有利于把握地质产业发展趋势，实现产业转型升级。党的十九大以来，地质地勘单位的发展进入了转型升级的关键期。综观陕西、辽宁、云南等省份企业化改革的经验，未来以资本管理为导向，产权清晰、权责明确、政企分开的现代企业管理制度，更有助于地勘企业的转型升级，实现企业化改革突破。

（4）有利于地勘企业参与市场竞争。随着经济全球化进程的加快，拥有超强实力的跨国公司涌入国内市场；同时，崛起的民营地勘企业竞争实力增长迅速。受市场容量限制，竞争激烈。以往地质地勘单位“戴事业的帽子，走企业的路子”只是权宜之计，地质地勘单位最终是要走向市场，在市场经济中求得生存与发展。因此，地勘企业只有加快企业化改革，深化企业改革，才能更好地发挥优势，在发展中壮大自己，也有助于增强整体实力，参与地质市场竞争，特别是参与国际竞争。

（5）有利于提高地勘企业自身管理水平。随着改革的进一步深入和市场竞争的不断加剧，事业单位管理的机制不活、管理链条长、决策和执行效率低下、管控能力较弱等问题，已成为制约其发展的重要“瓶颈”。通过深化企业改革，进一步理顺企业产权关系，建立健全完善的管理体系，有利于实现企业资产的集中管理，有利于地勘企业提高核心竞争力，实现做强做大。

在新时期，国家也对地质工作提出了新的要求，地质矿业工作围绕国家战略需求、生态文明建设、社会需求已经开始进行结构性调整。

相信未来，地勘企业仍会作为国民经济生活的重要产业，挥洒出浓墨重彩的一笔。

第二篇

对地勘企业运行模式及管理思路的认识

第五章

地勘企业运行组织结构管理

一、战略管理体系与投资资本运作

“战略”，此词最早来源于希腊语的“strategos”，其意为“将军指挥军队作战的艺术”。战略一词原本是个军事术语，可随着管理学的发展，军事战略思想也于20世纪60年代开始用于商业领域，并与达尔文“适者生存”的进化思想，共同成为战略管理学的两大思想源泉。

（一）企业战略管理体系

可以说，战略就是对全局进行统筹和引导的重要方略，企业的战略管理，通常可以从以下四个方面进行架构——组织体系、专业归口管理部门建设、整体战略管理职能和制度流程，地勘企业也是如此。

1. 组织体系

战略管理的组织体系需要担任四种角色：战略方案制定者、战略决策者、战略执行者以及战略监督者。地勘企业在战略组织体系上已基本构建完全并明确了职责，未来应该进一步深化相关工作的执行。

2. 专业归口管理部门建设

对于地勘企业来说，这就是战略规划部门的建设。目前地勘企业战略管理组织结构比较明晰，各部门都有清晰的职责。

3. 整体战略管理职能

地勘企业在整个体系的战略管理过程中主要负责以下职能：总体战略的制定、传达，下属二级单位经营策略、计划的审批；战略评价考核与调整。

在制定总体战略时，除了地勘企业总部领导层以及战略规划部门，应充分征调地勘企业各部门以及下属二级单位的意见与建议，提高战略制定的参与度；总体战略定稿后由总部下发至下属二级单位，由下属二级单位根据总部的战略制定自身的战略规划与经营计划，再上报总部审批同意后备案，使体系内的战略层次比较明晰，上下级间的战略思想统一。

在战略实施前应先制定二级单位的可衡量的绩效指标，并且通过季度和年度报告的形式及时监控和考核战略完成情况；通过事前、事中、事后三种方式进行战略控制，保证战略的实施与企业目标、所处环境相一致，从而实现地勘企业的战略目标。

在实施和评价过程中建立完整的上级与下级、地勘企业总部与下属各业务单位的相互沟通的机制，使战略的贯彻范围更广、程度更深。

4. 制度流程

战略的实施流程应根据实际情况分阶段循环进行，逐步完善，而每阶段的循环都应包括四个步骤，即战略的制定、战略的执行、战略执行的考核评价以及战略的修正优化。

战略的制定。地勘企业的战略应先由总部制定后下发至下属业务单位，由下属业务单位根据总部的战略制定自身的战略规划，再上报总部，使得体系内的战略层次比较明晰，上下级间的战略思想统一，同时不乏具体事情具体分析的针对性。

战略的执行。战略在执行前应分拆成可评价的板块，并设置相应的考核评价指标，便于执行后对其进行评价衡量，进而为改进工作提供证据与方向。

考核评价。地勘企业应根据可评价的指标定期评价战略的推广、实施情况，并将战略考核评价作为绩效考核的一部分。

修正优化。地勘企业需根据考核评价的结果有针对性地修正或优化战略实施计划。然后重新从战略制定开始，进行下一个循环。

地勘企业使用战略管理体系进行管理的优势如下：战略管理具有全局性；战略管理的主体是企业的高层管理人员；战略管理涉及企业大量资源的配置问题；战略管理从时间上来说具有长远性；战略管理需要考虑企业外部环境中的诸多因素。

（二）投资与资本运作管理

在了解了战略管理体系后，我们来具体分析企业中至关重要的管理一环——投资与资本运作管理。地勘企业若想提升投资、融资水平，就要完善投融资机制，搭建投融资管理组织体系，明晰各层级投融资组织权限，做到投融资管理的“集中决策、归口管理、分散实施”。

1. 投资管理组织体系搭建

地勘企业总部根据需要可设立投资决策委员会、投融资管理部和投融资实施部门三级投资管理架构。

负责人办公会：是投融资决策的最高管理机构，负责全企业投融资规划、投融资方案等重大投融资决策的审批，研究审定重大投融资项目、重要项目的相应安排等。

投资决策咨询委员会：是投融资管理的最高咨询机构，对地勘企业总部负责，委员会负责对总部投融资规划、投融资方案等重大投融资决策提出意见与建议。

投融资管理部门：是地勘企业总部的投融资管理的归口部门，该部门负责组织开展投融资活动。

投融资实施部门/单位：即实施投融资运作的下属业务单位，在投融资管理部门的组织、指导下，进行相应的投融资实施工作。

2. 对投融资活动实现全过程监督

从项目申报、立项、评估、审批，到项目实施、运营和项目后评价等环节进行全面系统的监督。尤其要做好项目评估、审批、实施和项目后评价。

项目评估：在对投资项目进行可行性研究的基础上，从地勘企业总部单位和下属单位整体的角度对拟投资建设项目的计划、设计、实施方案进行全面的技术经济论证和评价，从而确定投资项目未来发展的前景。从目的性、针对性、相关性、风险可控性等方面加强对投融资项目的遴选，确保项目符合地勘企业总部的整体战略目标和下属单位的未来发展方向。

项目审批：设立标准的审批流程，加强地勘企业总部对投融资项目的审批控制。严禁下属企业在未经总部审批下进行投融资业务。

项目实施：明确项目实施责任主体，以预期财务目标为导向，对项目实施过程进行全程把控。

二、战略目标与流程

随着我国经济的不断发展，地勘企业的内外部经营管理环境也随之发生了翻天覆地的变化。为了适应与应对这种变化，在复杂的背景下寻求地勘企业的生存发展，地勘企业经营者必须加强企业的经营战略管理，实现地勘行业的产业化变革。为此，制定一个行之有效的战略目标与实施流程非常重要。

战略管理，说到底就是目标管理。地勘企业的最高领导在任务开始之初，制定一份整个地勘企业在一段时期内希望达到的总目标。然后，各部门的管理者再将各自的分目标下达给全体职工，明确每个人的目标，之后，再由管理者积极主动地让这些目标实现。这种管理方法便是战略目标管理。

目标管理是在 20 世纪 50 年代，由美国管理学家德鲁克首次提出的。一方面，目标管理强调完成目标，实现工作成果；另一方面，目标管理也强调个人的作用，提倡员工自觉参与目标的制定、实施、控制、检查与评价。

从基本内容上看，目标管理就是动员全体员工，对目标进行制定并保证其实现的方法。换句话说，就是团队中的上下级需要对共同目标一同商定。同时，要把目标的具体展开过程传达给组织的各个部门、各个成员。如此，企业内的各个单位、部门及成员的责任与成果都与企业密切相连，管理者要在目标的执行过程中，对上下级的责任范围进行明确，使上级适当放权给下级，下级施行自我管理。以此为方针，最后形成一个全方位的目标管理体系。

目标管理不但能提高管理者的领导能力，还能激发员工的积极性，保证目标实现。事实上，目标管理是一种整体的、民主的成果管理，这也是目标管理的魅力所在。

根据战略管理体系，地勘企业需要具体制定战略目标及流程。地勘企业的战略目标其实就是经营者对企业战略经营活动，预期期望取得的成果值。战略目标的设定，就是将地勘企业的宗旨展开，把任务具体化。

以我国煤炭地勘企业为例，其新时期的战略目标具体应包括以下四大方面。

1. 不断强化主业建设

（1）完善主业产业布局。完善主业产业布局，就是让地勘企业落实“地质+”理念，进一步明确“资源勘查、能源资源开发、生态与环境、地理信息、地下工程、现代农业地质技术服务”六大核心主业，完成地勘企业的产业发展规划。

（2）在地质勘查方面取得新进展。地勘企业需要组织开展全国特殊用煤资源潜力调查评价，完成部分省区的特殊用煤资源潜力调查，并在一些特殊地区开展调查工作。地勘企业还需推进全国重点煤矿区煤层气资源潜力评价，加强北方砂岩型铀矿勘查等。

（3）加强地勘企业重大项目管理。对施工和成果质量进行督导，推动地质技术服务水平和地质成果质量的提升，积极推进洁净煤与煤系矿产资源研究和产业化应用等，推动服务生态文明建设。

2. 不断增强科研支撑能力

通过提升科研创新能力，努力补齐市场竞争短板，提升地勘能力建设，明确地勘装备能力建设重点支持项目，并对地勘企业资质建设作出安排。

3. 不断推动经营模式创新

（1）增强市场营销模块。持续推进总部营销战略规划，搭建互联网信息服务平台，推进“互联网+地勘行业”线上线下营销渠道的拓展。

（2）持续推进对外交流合作。加强与地方政府、大型企业的沟通交流和战略对接，建立重点客户和重大项目库，对重大项目持续跟踪落实。

（3）积极开展资本运作。加强与社会企业合作，通过合资新设、增资扩股、股权收购等方式开展投资并购。

4. 推动改革，强化管理

（1）不断推动企业改革。应积极制定实施方案，有序推进地勘企业改革改制组建企业集团工作。稳步推进队（院）改革。董事会的试点工作要稳步推进，试点单位法人治理结构运行逐步完善。完成“僵尸企业”处置和特困企业专项治理工作，通过清算注销、进场交易、减资退出等方式完成对企业的处置。

（2）不断加强企业管理。不断加强规划引导，调整企业的发展规划目标。完善对标指标，将对标工作扩大到三级单位。积极推进“目标管理，成本管控”项目模式，鼓励实现“二次经营”，全面提升项目管控能力和项目经营水平。

（3）不断加强风险管控。通过“两金”监测和“两金”审计调查，及时加大欠款清收力度。加强重大事项和风险的监测管控力度，及时做出风险提示。规范和完善合同管理工作，基本建立二级单位合同管理信息系统。推动法治企业建设，使法务工作在合同、制度审核和投资决策中发挥重要作用。

（4）积极盘活存量资源。积极推进矿权运作等工作。盘活土地资产，积极推进部分自有土地的开发工作等。

随着市场竞争的日益激烈，地勘企业负责人务必要从战略的高度，重视和制定企业市场发展战略，这样才能保证地勘企业能够持续、稳定地发展。

经营战略管理对地勘企业自身的发展有着重要意义，只有确定一个让地勘企业得以适应环境变化的经营战略，制定出地勘企业战略经营管理的实施方案，才能给地勘企业指明一个未来发展的道路，才能促进地勘企业的经济效益和战略目标的实现。

需要注意的是，战略如何落地？这始终是一个难点，如果用好“OKR”，战略落地是很有保障的。“OKR”是“目标和关键结果”的缩写，是由谷歌和英特尔公司推出的目标与关键成果法，是迄今为止应用最多的现代化目标管理法。其精神实质包含“目标导向，聚焦主业，双向激励，明确可衡量的指标，跟踪反馈”等内容，关于“OKR”理论的运用已经成为国内外企业管理的一个重要措施。简单来说，它不是一个简单的工具，而是一个功能强大的系统，既是目标管理工具，也是企业内部共识和沟通的工具，既是绩效沟通工具，也是信息反馈工具，确保了企业的每个部门、每个经理、每个员工都明白企业的战略是什么，也知道自己工作是如何承载战略的，能够确定自己部门工作的重点，并匹配合适的资源及任务，同时通过目标措施的追踪执行和沟通反馈，做出科学的研判与修正。

三、不得不说的组织结构体系

所谓组织结构，就是企业组织内部对企业活动进行的正式安排。

企业的组织结构有广义、狭义之分。广义的组织结构包含狭义组织结构，同时加入了经济联合体与专业化协作等，而地勘企业的组织结构通常是指狭义的组织结构，就是在相关理论的指导下，通过组织设计而形成的内部各个层次、各个部门的构成。

在19世纪末20世纪初，西方的大企业大多采用按照职能划分部门的“U”形企业结构。这种组织结构的特点是按照职能划成若干部门，各个部门间都是相互合作，且由领导直接进行管理的。这种集中控制和统一指挥能最大限度地发挥作用，促进企业运行效率的最大化。

20世纪初，亨利·福特创建了著名的“汽车生产线”，他本人因这项创举而赚得盆满钵盈，公司也享誉全球。

其实，福特的做法很简单，就是给公司的每位员工都分配了独特的工作。比如，一部分员工只负责装左前胎，一部分员工只负责装右后胎，一部分员工只负责安装左后门等。

福特通过将工作细化的方式，让每个人都切实为自己的工作负责，逐渐形成了标准化的任务，福特没有培养全能员工，利用技能相对有限的员工，几乎短时间内就造出了一台汽车。

从福特的经验我们不难看出，员工从事专门化的工作，能有效提升生产效率。企业也用专业化的组织结构将劳动进行分工，从而更好地提升企业效益。

所谓组织结构，就是企业在设置部门、规划职能和运行运转中最基本的结构依据。地勘企业将组织结构体系架构起来，就能以一种决策的方式，管理和协调各部门分工合作。

没有组织结构的企业必将疏于管理，造成一盘散沙的局面，而组织结构不合理，也会阻碍企业的正常运作，滋生各种问题。因此，地勘企业在设计高效、科学的组织结构时，一定要达到“1+1>2”的合理运营状态，最大限度地释放企业能量。

目前，不少地勘企业都在不同程度上，受到组织结构不合理所带来的困惑与损失。比如，管理层决策错误、组织部门臃肿、责任划分不清、部门间相互推诿扯皮甚至互相掣肘等。这些内耗问题都会让地勘企业蒙受损失，若想有效治疗此类企业病，对组织结构体系的变革迫在眉睫。

那么，地勘企业应当如何设计自己的组织结构体系呢？我们可以参考以下三种模式。

（一）扁平式结构

所谓扁平式结构，就是通过大量的个人学习，尤其是团队学习，在企业形成一种学习的氛围，让员工在学习型组织中获得提升。

（二）智慧型结构

智慧型结构又称作业“C 管理模式”，这是一种“以人为核心”的“人形”组织结构，就是让管理者将“以人为本”的管理思想融入组织结构中，以便赋予企业更大的灵活性与应变能力。

（三）金字塔型结构

金字塔型结构是企业常用的组织结构，它包括 5 种小金字塔模式。

1. 直线制

直线制是一种最早也是最简单的组织形式，其特点是从上到下实行垂直管理，下属员工和部门，只接受上级的指令做事。在直线制下，企业出的任何问题，都是由各级主管负责人承担。但直线制只适合规模较小的企业，对于地勘企业这种生产技术和经营管理比较复杂的企业来说，直线制显然不适合。

2. 职能制

职能制组织结构是除了主管负责人外，还需要设计一些辅助职能机构，协助主管进行管理工作。这种职能部门大多起辅助作用和监管作用，但容易造成指挥混乱、责任推诿等问题。

3. 直线—职能制

直线—职能制，又被称作直线参谋制，或者生产区域制。它是在直线制与职能制的基础上，吸收两种形式的优点而建立的。因此，直线—职能制也是当前地勘企业应用最多的组织结构。

4. 模拟分权制

模拟分权制与直线—职能制的结构形式类似，不同的是，模拟分权制能够调动各个生产单位的工作积极性，有效解决大规模企业不易管理的问题。但其缺陷是各个生产单位之间的信息沟通有困难，这会导致总部在决策权力上存在缺陷。

5. 矩阵制

矩阵制是按照产品（项目）划分横向领导关系的结构，因此被称作矩阵组织结构。它适合一些重大攻关项目，尤其适用于以开发与实验为主的企业，如科学研究所等。

具体来看，目前我国地勘产业的大部分企业组织体系，大多由以下6个部分组成：地质勘探板块、矿业开发板块、工程施工板块、地理信息板块、新兴产业相关服务板块、海外业务板块。

地勘企业的架构设计其实并没有什么固定的模式，因此，管理者需要根据各自企业的具体生产技术特点，以及内外部条件的不同来具体设计组织结构体系。

因此，组织结构变革应该解决好以下四个结构：

职能结构：没有哪项业务的成功运作，是只靠一项职能就能发挥作用的。因此，管理者在设计组织结构体系时，需要明确企业到底需要多少种职能，并且将各个职能的规模，以及职能间的关系进行确定。

层次结构：层次结构就是各个管理层次的构成，也就是说，管理者需要确定，组织在纵向上需要设置几个管理层级。

部门结构：所谓部门结构，就是指各个管理部门的构成，管理者需要确定，组织在横向上需要设置几个部门。

职权结构：就是企业各层次、各部门在权力与责任方面的具体划分。

只有将组织结构体系率先明确，才能保证地勘企业的管理制度顺利推行。

四、地勘企业的职能定位与责权划分

在上一节，我们已经提到了地勘企业的组织结构，那么，我国地勘企业的管理体制应从哪些地方入手呢？

总体来说，我国地勘企业的管理体制可从“下属业务单元”和

"集团总公司"两方面入手。

（一）"下属业务单元"方面

通过下属二级业务单元的治理结构的完善，可以让地勘企业逐步形成以资产为纽带的产业化集团。在依托产业整合而新设的产业公司中，在设立之初就以标准化的公司进行构建，并设置相应的股东会、董事会、监事会，明确高级经理人员的职责。

（二）"集团总公司"方面

根据国家改革政策相关要求，以及地勘企业自身的管理需要，管理者需要逐步完善决策权、经营管理权、监督权的分置。通过权力制衡，让三大机关各司其职，又相互制约，保证地勘企业的顺利运行。

关于地勘企业的职能定位，需要根据企业未来的运作方向和运作思路来决定。确定企业总部管理功能定位应秉承以下六大原则：

（1）解决企业存在的管控问题；

（2）符合企业管控先进的方法；

（3）参考标杆企业方法；

（4）适应行业需要；

（5）依靠法人治理结构；

（6）权责适度。

在综合考虑定位原则的基础上，强化价值创造活动，发挥出总部统领、协调、资源配置的作用，这是定位职能的中心思想。

为此，地勘企业总部可将职能定位于"六大中心"，即战略管理中心、投资决策中心、财务监管中心、技术研发中心、统筹协调中心、资源共享中心，以此来实现"集团总部"的真实价值。下面我们来具体解读一下。

1. 战略管理中心

战略管理中心主要负责企业战略规划、二级单位子战略的审批、战略实施监控、战略考核评价与战略目标调整。

2. 投资决策中心

投资决策中心主要负责企业重大投资管理，包括投资论证决策、资本运作、兼并重组、产业退出等投资项目的管理和运作。

3. 财务监管中心

财务监管中心主要负责企业预算管理和控制、税务筹划、审计与稽核、财务风险管理和监控、资金集中管理、债权股权融资管理、资产保值增值、经济运行监督和问责。

4. 技术研发中心

技术研发中心主要负责企业科研规划、科研管理、标准管理、前瞻性研发、信息管理。

5. 统筹协调中心

统筹协调中心主要负责企业海外市场管理、高端营销管理、公共关系管理、政府资源管理。

6. 资源共享中心

资源共享中心主要负责企业文化管理、品牌管理、人力资源开发与管理、危机管理、对外合作、党群平台。

至于地勘企业各个部门、人员的责权划分，则需要根据管控模式和管理需要，在企业总部和下属业务单位之间进行相应的划分。

原有事业单位的体系依旧按照事业单位的行政管理方式，进行相应的管理，逐步缩减并精练。在企业总部与产业中心、科研中心和资产管理中心的责权划分方面，根据管理的需要进行细化的分拆与规范，明确管控的重点。

为了更好地划分责权，授权问题就变得十分重要了。在地勘企业总部授权给子、分公司、领导授权给下一级管理者时，也要遵循一定的授权原则。

（1）授权依据确凿——要求按照管理和业务的运作制度与程序进行授权；

（2）授权清晰明确——主要管理和业务活动中有清晰明确的授权；

（3）控制风险因素——授权清晰有利于防范风险，明确各自权限；

（4）提高管理效率——权限划分应清晰、明确，以利于管理效率提高。

此外，企业总部的管控还可以从战略规划统筹层面、重要战略举措实施和职能体系保障平台这三个大方面出发，具体从以下 13 个细分层面进行：战略规划、投资决策、重大项目实施、研发管理、市场开发、融资与资本运作、财务管理、经济运行、资产管理、风险管理和防范、人力资源管理、行政管理和党纪工企业文化。

从管控维度出发，地勘企业管理层还需要明确不同管控模式下集团与权属下级单位间的权责划分。以下是母子公司权责划分的原则：

（1）依据管理流程——按照管理和业务的运作流程进行权责划分；

（2）确保权责匹配——职权划分要有权有责，责权对等，确保目标实现；

（3）控制风险因素——职权划分要利于防范风险，保障收益，实现整个集团利益最大化；

（4）提高管理效率——责权划分应清晰、明确，以利于管理效率提高。

秉承权责划分的四大原则，逐步建立地勘企业总部与权属下级单位在重要事项上的集分权关系，具体关系见表 5-1 所示。

表 5-1　地勘企业总部与权属下级单位集分权关系

管控方面	管控方向	管控目的		管控方法	地勘企业总部	下属业务单位
战略规划	中长期战略规划	激励	约束	公司法/地勘企业总部制度	审核权、审批权、监控权	提案权、执行权
投资决策	限额、限方向		约束	公司法/地勘企业总部制度	审核权、审批权、监控权	提案权、执行权
重大项目实施	统一规划、专人负责	激励	约束	公司法/地勘企业总部制度	审核权、审批权	提案权、执行权
研发管理	统筹协调、管理落实	激励	约束	公司法/地勘企业总部制度	提案权、审批权	提案权、执行权
市场开发	高端推动、业务统筹	激励	约束	公司法/地勘企业总部制度	监控权	执行权

续表

管控方面	管控方向	管控目的		管控方法	地勘企业总部	下属业务单位
融资与资本运作	统一管理	激励	约束	公司法/地勘企业总部制度	提案权、审批权	提案权、执行权
财务管理	财务监管		约束	公司法/地勘企业总部制度	提案权、审批权	执行权
经济运行	下属单位年度季度计划管理		约束	公司法/地勘企业总部制度	考核权、奖惩权	执行权
资产管理	增值保值、防范流失		约束	公司法/地勘企业总部制度	考核权、审批权、监控权	提案权、执行权
风险管理和防范	法律、审计		约束	公司法/地勘企业总部制度	审核权、审计权、监控权	提案权、执行权
人力资源管理	关键岗位任命、干部考核	激励	约束	公司法/地勘企业总部制度	提案权、审批权	提案权、执行权
行政管理	办公室职能、信息共享	激励	约束	公司法/地勘企业总部制度	审核权、知情权	提案权、执行权
党纪工企业文化	统一管理、建立企业文化要素、强化集团品牌	激励	约束	党章/公司法/地勘企业总部制度	提案权、审批权	执行权

第六章
市场管理，就是把扩张的基础夯实

一、市场竞争中的“压强原则”

作为“共和国长子”，国有企业在新中国成立之初的经济方面发挥了不可替代的作用。可随着社会不断发展，市场竞争越烈，国企在很多方面已经开始走向劣势，这也是国家大力推行国企改革的原因之一。

在资源方面有优势，但在竞争方面却处于劣势的国有地勘企业，该如何与精于竞争的民营企业相竞争呢？这就需要利用市场竞争中的“压强原则”，要将资源集中在一点上，把重点放在技术突破方面，以求在配置强度上远超自己的竞争对手，最后达到在市场上领先的目的。

我们都知道，在搏击时，将全身力量集中在拳头上，这样挥拳出击时才能让对方感觉疼痛；钉子之所以能扎透物体，原因是它的受力面积很小，所以它压力的作用效果很大，产生的压强也很大。同样的道理应用到企业战略上，就是市场竞争中的“压强原则”。

地勘企业在做市场管理时，要将自身优势扩大化，同时注重人力、物力、财力三方面分配。比如，在资源分配上，地勘企业应消除资源合理配置与有效利用的障碍；在人力分配上，地勘企业要让优秀的人拥有充分的权力，并将责任划分到每一个员工身上，这是地勘企业做市场管理时的战略生长点，也是地勘企业成功的关键因素。

按照市场的“压强原则”，在本身资源有限的情况下，就需要缩小受力面积。对于地勘企业来说，即便自身资源有优势，也该因为竞争意识和危机意识，扩大自己的“压强”，就是企业管理里常提到的专注与专业化。

在当前发展形势下，我国地勘企业需要将稳增长、调结构、促转型这三点作为企业经济运行的重要工作，其中最重要的，就是要转型升级，以便适应市场需求。

在此，我们要明确经济增长速度放缓，并不意味着它停止增长，从整体上看，我国地勘企业的年增长量仍然是可观的。何况，矿产资源是国民经济的刚需，国民经济必须要依靠矿产资源及地质勘查工作，才能有效地实施开展。

我国地质勘查市场方面的投入基本保持在年均 1000 亿元左右，同时，石油、煤炭、天然气、页岩气、铝土矿、金、铅、铜、锰、锌等重要矿产新增一批资源量，在市场需求方面基本面没有改变。

值得一提的是，实现转型的大型矿业企业，已经有一部分参与进全球化资源配置中，随着发展空间变广，它们已经开启了国际市场竞争之路。基于此，“压强原则”就变得更加重要。这要求地勘企业必须深化体制机制改革，找准定位，积极升级转型。

此外，虽然矿产品是国民经济的刚需，但其需求结构随着国民经济产业结构的调整而发生改变。对于产能过剩的传统行业来说，矿产品已经不是地勘企业未来找矿的唯一方向了。在维持主业稳定的前提下，地勘企业需要依据产业结构的调整，以及市场的需求来及时变更自身业务结构，这样才能更好地应对市场竞争。

我国的环境地质、城市地质、农业地质、新能源勘查，以及高端装备制造、新材料等新兴产业，都对矿产品有着不同的需求。

随着生态环保地质、农业地质、新技术的突破，以及新材料的不断应用，我国地勘企业在新兴领域的矿产需求量持续提高。地勘企业的未来业务，应该参照党的十八届五中全会提出的“五大发展理念”，将增长点放在我国新兴领域最亟待突破的能源、矿产、环保及农业上，同时抓住新兴产业对传统产业的冲击更迭机遇。

如今，多项关于能源与矿产的利费率都已降低，在国家简政放权的大环境下，我国地勘企业也应进一步提升效率，努力在市场竞争中释放活力。

二、新经济常态下地勘单位的核心竞争力

关于核心竞争力的概念，最早是在1990年由普拉哈拉德教授、哈默尔教授在《哈佛商业评论》中提出，他们认为，核心竞争力就是指企业内部积累学习的能力，以及整合技术、协调生产技能的能力。

通常情况下，核心竞争力因其具备价值性、独特性、无法替代性和极难模仿性等特点，在市场竞争中能保持独立优质的地位。

虽然核心竞争力是针对竞争激烈的企业来说，但事业单位也同样需要核心竞争力，暂且不说国企大多都是以营利为目的的，就算不以营利为目的的国有企业，也会承担区域基础性、公益性等社会服务性质工作。因此，只有具备核心竞争力的企业，才能更行之有效地贯彻国家的各项方针，用最少的资源提供最优质的服务。

地勘企业若想提高核心竞争力，需要从四个方面入手：科研技术及品牌优势、内部控制及经营效率、改革程度及政策解读能力、纵向及横向一体化程度。下面具体分析一下。

1. 科研技术及品牌优势

相对于其他国有企业来说，地勘企业的专业性更强，而且涉及的子领域及产品的种类较多，所以，为了保证地勘企业能充分发挥自身优势，提高核心竞争力，就需要保证专业性人才的配置，以及先进的硬件和软件的配置，才便于地勘企业承接不同种类的业务。

2. 内部控制及经营效率

一些历史遗留问题逐渐成为影响地勘企业内部控制和经营效率的问题，如组织结构复杂、人员编制混乱等，这些都会影响管理效率，造成

人员、财务管理不规范等。因此，地勘企业管理者需要在改革过程中，建立起一套切实合理的、适合自身发展的内部控制制度，才能增强地勘企业在转型发展过程中的核心竞争力。

若想在地勘企业内部构建合理的内控制度，首先要打造一个良好的内部环境，如合理的机构设置、科学的责权分配以及良好的管理结构等。同时，还要让地勘企业的内控制度贯彻到企业运行的各个流程中。合理的内控制度，是确保地勘单位内部经营效率的关键性手段。

3. 改革程度及政策解读能力

随着国企改革的不断推进，地勘企业也按照不同分工，具体分成公益类与生产经营类两种。公益类地勘企业，主要是承担科研与社会服务，而生产经营类的地勘企业，就是我们现在谈到的亟待转型的企业。

生产经营类的地勘企业，其资源由市场进行配置。只有根据市场需求，合理调配相关人员，并集中优良资产和技术力量，运用社会资本，才能在根本上提高地勘企业的市场竞争力。

此外，新常态下国家、地方政策频出，“京津冀一体化”“一带一路”“海洋强国战略”“长江经济带发展”“走出去”等政策，都宣告了未来经济的发展重心，我国地勘企业也应该紧跟国家、地方政策，围绕产业升级转型开展多层面工作。

4. 纵向及横向一体化程度

对于企业而言，利润在很大程度上是因其横向及纵向一体化程度决定的，这对于地勘企业来说也同样适用。

纵向一体化，指的是企业在产业链层面上下延伸，以达到降低成本、提高利润的目的。对于地勘企业来说，纵向一体化主要体现为“探采一体”。

横向一体化，主要是横向并购、多元化与区域拓展这两种方式。对公益性地勘企业来说，主要体现在积极拓展其他子领域层面，包括水、二氧化碳、能源矿产、固体矿产等矿产地质勘查，海洋、环境和水文等基础地质勘查活动。

对于改革转型的地勘企业来言，其受国家、地方政策及宏观经济的影响较大，具有比较明显的区域性特点，且各个区域间的矿产分布和储备情况都各不相同。

三、大势所趋，地勘企业经营活动交给市场

地勘企业也是一种经济组织，如果没有市场，企业就很难生存下去。所以说，企业的成功或失败都是由市场决定的。市场是企业生产经营成功或失败的评判者。

市场经济条件下，市场决定企业命运。因此，地勘企业应建立以客户为中心，以市场为导向的两级营销体系。

地勘企业总部主要负责做整体的营销统筹管理工作，进行高层政府、大型战略性合作伙伴、重点项目、战略性市场等重要的、高端营销工作，并协助下属业务单位针对当地政府和区域重点客户的客户营销，领导实施国际化营销业务，原则上不涉及直接的经营性业务。

经营性营销业务则由相关下属单位实施，如相关行业的目标客户分析选择、营销组合制定、渠道建设与管理、市场活动等。

1. 地勘企业总部层面负责的营销职责

（1）制定地勘企业总部的整体营销战略，搭建地勘企业总部的营销统筹平台；协调地勘企业总部的品牌管理，打造统一的品牌形象；

（2）主要负责做整体的营销统筹管理工作，进行高层政府、大型战略性合作伙伴、重点项目、战略性市场等重要的、高端营销工作；协助下属业务单位针对当地政府和区域重点客户的客户营销；

（3）以地勘企业国际化战略目标为导向，统一国际化营销工作，集中资源，协同助力，重点突破；

（4）针对国内外市场情况，地勘企业总部领导组织下属业务单位进行相关市场研究工作（主要信息由下属单位提供），为企业总部战略规划提供依据。

2. 各下属单位营销业务职责

（1）依据行业特点，建立强有力的市场信息收集、分析、处理、反馈系统；对行业客户需求进行详尽分析，锁定目标客户；

（2）设计合理的营销组合，负责推进实施，并监控实施效果；制定系统、规范的销售业务管理制度和营销培训体系；

（3）建立完善的销售渠道和服务网络体系，完善销售和服务管理制度；加强信息化建设，与全企业信息化系统统一，加强信息传递的及时性。

第七章

我们要做的，是永远领先对手半步

一、不盲目，但要明白创新的意义

创新是人类发展进步的灵魂，也是全人类的共同事业追求。对地勘企业来说，创新是找寻生机和新机遇的关键。

一个没有创新精神，不开拓进取的企业，是毫无生气的，它只能逐渐走向消亡。创新的重要意义就是敢于打破束缚，不故步自封。在当前大环境下，想要赢下这愈演愈烈的市场竞争，就必须突破常规，做创新的“领头羊”，创造出更多适应形势的革新。

提及企业创新，我们首先要了解企业在哪些方面需要进行创新。一般来讲，地勘企业的创新具体可从以下几个方面体现。

第一，理念创新。

理念创新是企业各项创新的大前提。地勘企业必须要做到打开视野，放开眼界。能够集百家之所长，主动求新，要着手当下，面向世界。拥有先进的理念，积极开发新思路、新突破、新举措，才能走在整个市场发展的前面。

第二，管理创新。

管理创新是企业各项创新的基础。管理创新体现了知识在管理中充当的角色并配合更加科学系统的管理而带来高效的发展。通过管理创新，地勘企业能做到层层优化整合，优化生产要素和生产条件，补充企业实力，增强市场竞争力，为企业持续创新打好稳定基础。企业的人力资源高效发挥是管理创新的关键要素，人才是企业发展的活力与动力，通过系统完善的人力资源管理，吸引人才，培养人才，才能迅速推进企业发展。

第三，产品创新。

产品创新也是很重要的一步。产品和服务是一家企业的标签。地勘企业的经营与客户的需求最终也是通过它们实现的，想要满足消费者越来越高的物质追求、保持企业的长期稳定发展，产品一定要注入新鲜活力，美观与实用相结合，物美而价廉，才能迎来消费者的持续关注。

第四，技术创新。

技术创新是企业各项创新的核心。科学技术是第一生产力，现代企业的竞争已慢慢转向科学技术的竞争，这一股新潮流已经流向了现代企业发展的每一步。企业技术创新分为原始创新模式、赶超创新模式、局部创新模式、市场创新模式、标准领先创新模式等，每项创新模式都需要企业开展适当的合作创新、引进一些关键技术来配合。采用合作创新和引进技术的战略，目的是减少企业的各种损耗，用领先的技术率先打开市场，这样做既节省了大量的成本，又提高了企业自身的科技创新能力。长久来看，地勘企业应当把自主研发和自主创新作为发展的主战略，努力提高企业技术创新水平，提高企业的核心竞争力。

第五，营销或商业模式创新。

在市场经济条件下、在知识经济时代，随着市场营销环境的变化，企业市场营销策略面临着严峻的挑战，通过营销创新可以解决很多大问题。企业需要积极主动适应环境，需要融合新的营销要素或要素组合，增强创造力。以营销创新寻求企业发展是一盘大棋。企业要在营销方面有新思想，一定要以顾客为中心，立足于顾客，通过对企业产品、服务、品牌保持定期评测，调整改进，使服务优、质量佳，才是最终目的。这样既强化了企业抵御市场风险的能力，又是经营管理创新的重要手段，同时也保证了企业的持续稳定发展。

特别是作为具有技术服务和技术施工等鲜明特色的国有地勘企

业，属于科技类企业，承担着为国民经济发展提供能源及矿产资源保障的重任，并逐步在生态文明建设领域发挥着越来越重要的作用。因此，科技创新显得尤为重要。在科研任务方面，地勘企业总部也肩负着双重使命：一方面，科研需要完成国家制定的任务，为国家、为行业服务；另一方面，由于走入市场的需要，科研又必须为生产业务创造价值。

鉴于使命的双重性，地勘企业在创新方面可搭建双层平台。

第一层平台：设置科技研发中心，主要承担国家和省市科研项目，面向未来3~5年的前瞻性技术、应用开展研发；在这个层面争取国家性的技术支持。

第二层平台：在下属单位设置业务单元的研发部门，主要负责1~3年内面向市场的更新换代技术及相关设备的研发。

地勘企业的研发总部，对下属单位可采用矩阵式的管理方式，在原有的总部—专业公司科研机构的纵向垂直管理机制的基础上，建立横向的，以项目为中心的领导系统，两者合成为矩阵式管理结构。

这样的管理方式适合于进行以项目为中心的经营活动，利于地勘企业内部资源的优化配置，能最有效地发挥职能部门管理人员的作用，灵活多变，适应性强。需要注意的是这样的管理方式需要进行更多横向与纵向的协调工作，以免导致混乱和矛盾。

由于各科研项目的分类与服务对象不同，地勘企业总部使用的考核方式也应当有所区别。专业公司与部门项目，应主要专注于应用领域，主要是面向市场，因此市场效益是最主要的考核目标；而总部的自主投资科研项目，则需要专注于行业共性的标准化技术等。地勘企业需考虑项目最终的市场前景以及与其他业务的协同效应，积极做好创新工作，这样才能在竞争白热化的今天立于不败之地。

二、创新是保障地勘企业领先地位的前提

习近平同志在两院院士大会上的讲话明确指出，“我们坚持走中国特色自主创新道路，坚持创新是第一动力，坚持抓创新就是抓发展、谋

创新就是谋未来”“企业是创新的主体，是推动创新创造的生力军，要推动企业成为技术创新决策、研发投入、科研组织和成果转化的主体，培育一批核心技术能力突出、集成创新能力强的创新型领军企业”。

在国家的号召下，地勘企业更应该实现转型升级，力求提质增效，明确可持续发展的道路才是根本出路。面对改革发展的新形势，地勘企业要切实把科技创新作为企业发展的主要任务，作为工作的重中之重，抓紧、抓实、抓好，努力推动科技创新工作不断实现新突破，迈向新水平。

在国家有关部门的领导下，地勘企业要严格遵循创新领先的理念，大力推进科技创新，持续提高科技创新能力，完善科技创新体制机制，这样才能凭借创新的力量，支撑地勘企业的经济发展。

要想实现企业创新管理，就要不断完善科技创新体系，要增强科技创新对地勘企业的引领作用，坚持“以市场为导向、以客户为中心、以科技创新为引领”的新理念，把科技创新作为动力源泉，发挥科技创新的引领和支撑作用，增强科技对经济增长的贡献度。

同时，地勘企业还要明确科技创新的战略目标和重点任务，落实科技创新工作“对接战略方向、对接技术前沿、对接市场需求、对接现场生产”的“四个对接”原则，这样才能进一步提高科技创新工作的管理水平。

在整合地勘企业的科技资源方面，经营者要负责集中公司的人力、物力，在不同层面进行科技创新。地勘企业还要积极推进产学研结合，与国内一些大学进行合作，成立重点实验室，从学力方面为市场的开拓提供有力支撑。

在科技投入方面，地勘企业要进行具体规划，同时根据各个产业板块的业务特点，对不同产业板块的科技投入提出不同的要求；科技人才队伍建设也是我们一直提及的重点方面，有人才，才能实现创新的稳步推进。

进入 21 世纪以来，新一轮科技革命和产业变革正在孕育兴起，全球科技创新呈现出新的发展态势和特征。学科交叉融合加速，新兴学科不断涌现，前沿领域不断延伸。

信息技术、生物技术、新材料技术、新能源技术广泛渗透，带动几乎所有领域发生了以绿色、智能为特征的群体性技术革命。科技成果转化和产业、技术更新换代的周期越来越短，科技作为第一生产力的地位和作用越来越突出，并已经成为衡量一个国家、一家企业综合实力的象征。在面对世界新科技革命带来的机遇和挑战时，地勘企业更应该正确把握形势，下更大的气力、做更大的努力，力求做好科技创新工作。

对于地勘企业自身来说，加快科技创新步伐，也是转变经济增长方式、实现提质增效的重要“推动器”。目前，发达国家和先进企业都凭借核心技术、知识产权、人才优势和品牌效应，来占据国际市场、赚取高额利润，实现了以效率不断提高为前提的经济增长方式的转变。

实践证明，技术越新、越高，市场占有越宽、越广，成本越低，利润越高，效益越好。加之近年来全球经济整体增速放缓，有效需求不足，大宗商品价格持续下降，我国地勘企业更需要持续保持低位态势，将未来发展的重点放在传统地勘单位转型升级和创新改革上。因为加快科技创新步伐，也是市场竞争新趋势对地勘企业改革发展的要求。

未来几年是我国全面建成小康社会的决胜阶段，也是地勘企业深化改革、转型发展的关键时期。在新时代面临新形势、新任务的地勘企业，更要在地质产业板块做出创新。只有全面规划和部署好新时代的科技创新工作，地勘企业才能紧跟新时代，打造具有核心竞争力的世界一流企业集团。

科技创新能力显著提升，能让地勘企业形成自身特有的专业新技术；科技创新平台与人才队伍建设取得新突破，健全科技创新管理新体系，能为地勘企业的改革发展提供有效服务和技术支撑。

地勘企业只有大力实施科技创新，促进转型升级，推动科学发展，才能通过创新管理，保障地勘企业的领先地位。因此，地勘企业的创新管理也成为企业管理的重中之重。

三、保障地勘企业领先地位的措施

地勘企业需要制定一系列具体措施，以便加强组织领导，构建产业发展组织体系，保障其领先地位。具体措施如下：

（1）加强组织领导。在地勘企业总部成立产业发展领导小组，对产业发展工作进行整体部署，统一协调，统一指挥，确保产业发展布局顺利推进。

（2）加强研究，超前谋划。例如，设立产业发展研究课题组，长期跟踪研究国家宏观政治经济和产业发展政策，根据外部环境变化，及时调整产业发展方向，积极调研既符合国家政策又符合地勘企业产业发展方向的新项目，为产业转型升级和发展打好基础。

（3）二级单位加强产业政策研究和地方经济发展战略研究，依托地域优势，积极融入地方经济建设，根据地方经济发展和产业政策，及时调整产业发展方向和布局，为地方经济建设提供服务。

为了更好地保证领先地位，地勘企业还应坚持科技创新，以科技为先导推动产业发展，强化人才队伍建设，创新选人用人模式，广开渠道，不拘一格选人才，大力实施产业发展人才聚集工程，培养和造就一批科技领军人才、高端经营人才和资本运营专家，为产业发展提供智力保障。

同时，地勘企业需要加大科技研发投入力度，争取在“十三五”末期，地勘企业的科技研发投入占经营收入比率达到1.5%以上。将科技研发与产业发展结合起来，针对产业发展中的关键技术进行攻关，积极申报知识产权，为产业发展提供知识保障。

地勘企业还要加大高精尖装备的投入力度，瞄准国际、国内领先的先进技术装备，加大资金投入力度，为产业发展提供技术保障。

广开渠道，多方筹资，为产业发展提供资金保障也是地勘企业发展的具体措施。

（1）强化资金集中管理。对地勘企业的所有资金实施统一管理，统一筹划，统一调配，发挥资金的聚集优势，提高资金使用效率。

（2）推进混合所有制。积极推进新设企业和拟改制企业实行混合所有制，吸收社会资本和外部先进技术，参与地勘企业系统的产业建设，相互服务，相互支撑，友好合作，共同发展，打造“企业命运共同体”。

（3）加强与金融机构的对接联系。与金融机构合作，共同设立产业基金或股权基金，为产业项目提供资本金保障；在保持合理负债率的前提下，积极争取银行授信贷款。

地勘企业还需转变发展理念，推进资本运营，因为资本与产业的结合，是企业实现快速扩张、快速发展的最有效途径之一。对于符合国家产业政策和地勘产业发展方向，具有发展前景的优势企业，鼓励采用公开上市、增资扩股、企业并购、兼并重组等多种方式实现资本快速扩张和产业的快速发展。

针对地勘企业系统内部部分产业同质化严重的现象，资源分散、优势不突出、核心竞争力不强的问题，还要做到深化内部改革，为产业发展提供动力。通过深度调研，对一些小而散的企业实施专业化重组，通过重组，使资源向优势企业集中，形成合力，提升资质等级和经营能力，参与市场竞争。

地勘企业还要加强考核与监督，强化执行力。这就要求地勘企业管理层将产业发展纳入日常监督体系，引导各二级单位充分认识加快产业布局和产业发展的重要意义。地勘企业规划发展部门和经营部门作为产业发展的牵头督导部门，要加强日常监督检查，督导各二级单位加快布局，快速发展。

地勘企业要将产业发展纳入考核体系。将产业发展任务分解到二级单位，能帮助企业有效落实责任，明确目标，以便在年度考核时，对于完成产业发展任务目标好的单位进行奖励，差的单位进行处罚。

四、创新有风险，但不创新就会被淘汰

如今，创新驱动已经成为了国家战略之一。

虽然从总体来看，地勘企业的科技水平在纵向上有了进步和提高，

也为地勘企业的经济发展提供了一定的支撑，但从横向上来看，我国地勘企业的科技创新水平还比较低，科技创新成效有待进一步提高。与竞争对手相比，我国地勘企业同质化趋势明显，且缺乏特色技术、核心技术，科技创新远远不能满足改革发展需要和市场需求。

一些地勘企业在创新管理方面还存在许多问题亟待解决。

（1）各级领导者与科技人员对科技创新的重要性认识不足，没有把科技创新当成企业发展的关键驱动力；科技创新投入不足，以应付、完成考核为目标。

（2）科技创新激励机制不到位，科技人员科技创新积极性不高、主动性不够，重视创新、崇尚创新、支持创新的氛围不浓。

（3）科技人员科技创新意识不强，对高新技术的了解、掌握与应用主动性不够，知识结构尚需优化。

（4）科技研发与生产经营、市场需求结合不够紧密。

（5）精专业、懂经济、懂管理、懂市场的综合性人才严重不足，特别是对市场需求变化敏锐、能把握行业发展方向，引领行业发展、潜心研发的领军人才和高精尖专业技术人才十分匮乏。科技创新团队建设滞后，不能满足重大科技攻关的需要。

在这些问题的驱动下，我国地勘企业要重点做好以下几方面工作。

（一）充分认识科技创新的重要性

自古以来，科学技术就以一种不可逆转、不可抗拒的力量推动着人类社会向前发展。企业作为科技创新的主体，做不好科技创新这篇文章，就不可能有核心竞争力，更不会有奠定百年基业的可能。

地勘企业的主业是地质勘探与生态文明建设，科技创新是支撑企业可持续发展的根本动力，也是创造专业特色、打造核心竞争力的必由之路。如果地勘企业不能率先通过科技创新实现转型，提高技术、人才、装备水平，而是得过且过，最终结果只能是被市场淘汰。

形势逼人，挑战逼人，使命逼人，科技创新事关地勘企业改革发展的大计，地勘企业员工特别是各级领导者，必须要充分认识科技创新的重要性，重视创新、崇尚创新、支持创新，形成尊重个性、尊重创新的氛围。地勘企业各部门、单位在发展过程中，也要特别提升对创新的重视程度，进一步加强科研攻关，推动科技创新的成果转化，让创新产生实际效益，提升企业作为市场竞争主体的核心竞争实力。

需要强调的是，企业创新的思路与方法既来源于管理层面的顶层设计，也来源于实践层面的经验总结。基层单位是直接参与市场竞争的经营主体，地勘企业总部要尊重基层的首创精神，重视各二三级单位在实践中总结探索出的好经验、好做法，同时进一步加大推广力度，这样才能培养出各基层单位先行先试，敢闯敢试的品质，才能进一步提升地勘企业的整体创新能力，引领和推动企业的可持续发展。

（二）完善配套措施，建立有利于新时代需要的创新体系

地勘企业要做到完善配套措施，就要强化全员创新意识，在企业中营造良好的创新氛围。地勘企业各级领导者要深入学习领会国家关于科技创新的系列重要论述，提高政治站位，高度重视科技创新工作，把科技创新摆在更加突出的战略位置，要强化科技创新是动力、科技创新是活力、科技创新是未来的思想意识，创造有益于科技创新的良好环境。

这就要求地勘企业要解放思想、海纳百川，倡导鼓励创新的探索精神，允许“百家争鸣”，打破制度樊篱，探索构建不拘一格、激励创新的人才选拔机制和项目申报机制，以实际行动提高科技创新能力，增强企业自主开发能力，掌握更多的自主知识产权，提升核心竞争力，为参与市场竞争奠定良好基础。

地勘企业还要进一步健全完善容错纠错机制，以开阔胸襟、包容心态对待科研创新中的失败，改革创新的失误，营造“宽容失败”的创新文化，旗帜鲜明地为担当者担当、为负责者负责、为干事者撑腰，形成崇尚创新、激励创新、敢于创新的良好氛围。

同时，地勘企业的科技投入机制也需要健全，这样才能提高科技资金使用效率；地勘企业的系统内部资源也需要进行合理布局，以期建设科技创新平台。

地勘企业的创新，其实就是寻找一条可持续发展的新路。在创新的过程中，我们可以预见的是荆棘满布、充满坎坷，有些企业还有可能因为创新而“阵亡”。但事实证明，创新只有两种可能，一种是“凤凰涅槃，重获新生”；另一种是“杀出血路，特色发展”。但不创新，就只能是苟延残喘。

创新有风险，但不创新就会被淘汰。地勘企业一直是国家大力扶持的企业，也是有着艰苦奋斗、自力更生、善打硬仗的优良传统的企业。因此，在创新的路上，地勘企业也要做到逆水行舟、攻克难题，同时以创新为剑，冲出一条血路。

第八章

把握好地勘企业的生态管理链

一、管理者要明确角色定位，避免事事亲力亲为

虽然企业经营者不希望让员工“闲下来”，但对于管理者本身，太过忙碌却不是件好事。

有人奇怪，地勘企业的管理者身为国企领导，难道辛苦点、忙碌点还有错吗？答案是肯定的，因为一个有效率的管理者，应当把主要的精力放在关系重大的领域，这部分领域通常都很少，且会产生杰出的成果。

因此，优秀的地勘企业管理者，通常会给自己定下需要优先考虑的重点内容，并依照重点优先原则进行管理。他们会把琐碎繁杂的小事交给下属完成，自己只需学会用人、懂得用人即可。

如果一名管理者每天都很忙，那必定是一个不懂用人的管理者。这样的管理者“事无巨细”“事必躬亲”，必然会浪费自己的宝贵时间和精力，还有可能对员工的积极性和责任感产生挫伤，反过来加重自己的负担。

有条不紊的办事，才是领导者的管理艺术。

因此，地勘企业的管理者们，需要恪守“要事为先”的原则。要懂得放权，懂得用人，懂得经营。如果管理者不懂得优先次序、知人善任，就会把自己活活累死。

为什么有些地勘企业的管理者，每天都把自己搞得很忙碌呢？原因主要有以下三点：

第一，管理者想当然地认为，取得成就的形式就是忙碌。他们忽略了一点——忙碌并不等同于生产力，忙碌也不等同于成就。

第二，不懂得安排优先次序的领导者，是一个无法进行超前思考的领导者。他们不明白什么才是管理者最重要的任务，也不知道下一步应当做什么，甚至不会把事情放在全局的角度来看。这样的领导者是无法进行管理工作的。

第三，领导者把自己的思想局限在狭小的空间里。他们不愿或不敢按照优先次序进行工作，因为他们不想做发号施令的角色，只想当个“实干家”。

经理人兼作家的马克斯·德普雷说过，“领导者的首要责任就是定义现实”。这体现了优先次序法则的重要性。尽管有时候，领导的决策不受员工欢迎，但领导依然有责任按照“优先次序法则”对员工进行管理。

帕累托原理（即二八法则）是管理者经常使用的指导原则之一，其重点是管理者需要在所有任务中，把时间和精力集中在最重要的20%上，如此一来，管理者就可以获得80%的回报甚至更多；如果管理者把时间和精力，都浪费在80%的琐碎杂事上，就只能收获20%的回报甚至更少。

那么，地勘企业管理者应当如何进行管理工作，才能取得事半功倍的效果呢？

1. 管理者必须明确，什么才是自己分内的事

在生活中，每个人都需要对重要的人士负责，如我们的父母、子女及配偶。同样，在工作中，每位管理者都应该对某位领导，或者某个机构负责，如老板、股东和团队。因此，管理者要根据“优先次序表”，以必须亲自做的事情为主，其他琐碎小事，交给下属，因为这是他们的分内之事。

如果管理者正在做一些根本没必要亲自去做的事时，就要学会停下

来，反思一下为什么这件事落到了自己头上。至于那些必须去做，却并非必须本人出面的事，管理者也要学会对员工授权。

2. 管理者需要明确，什么才能带来最大的效益

作为一名管理者，应当把绝大部分时间用在最擅长的领域上。马库斯·白金汉与唐纳德·克利夫顿在《现在，发现你的优势》这本书中，对这个问题进行了广泛的研究。

如果管理者做的工作正好是自己擅长的领域，那他们就会更有效率地完成工作，同时会获得更高的满足感。在理想情况下，管理者应该走出那些让他们感到舒适的领域，转而投向让他们能发挥优势的领域。

同样，管理者也应当做到知人善任，把员工恰到好处地安排在符合他们优势与能力的岗位上。如果有些员工能将管理者的工作都做到八九不离十的程度，那管理者也可以考虑适当放权，把不必亲自完成的工作交给他们一些。

3. 管理者需要明确，什么才能带来最大的回报

这个问题与个人的满足感有关。领导力研究所主席蒂姆·雷德蒙德曾说，“有许多东西都会吸引我的目光，但只有少数几件事，能吸引到我的心”。

管理者应该懂得，忙碌不一定等于成就。如果管理者想要持续发展，实现自己的目标，就必须按照“要事为先”的原则做事。

在地勘企业中，那些忙碌的员工或许是好员工，可忙碌的领导却不一定是好领导。

二、厘清关系，打造管理一致性

在企业管理者的日常工作中，我们时常会听到员工这样议论：领导这几天是怎么了？之前还跟我有说有笑的，还跟我一起吃饭，今天就把我叫到办公室训了一顿，真不知道他是怎么想的。

其实，管理者与员工之间的距离本就不好把握，如果距离太远，就

会丧失亲和力，让下属敬而远之；如果距离太近，则容易丧失威信，影响工作，甚至会招来非议。

所以，我们一定要保持好这个距离。就像法国戴高乐将军的座右铭一样，“保持一定距离”。这个座右铭，也深刻影响了戴高乐将军及其顾问和智囊团的关系。在他十几年的总统生涯中，综观所有与他合作的人，包括秘书处、参谋部和办公厅等，没有一个员工的工作年限能超过两年。

有人曾经问戴高乐将军，不跟下属交往，会不会感到寂寞。戴高乐将军说道：“当然，做任何事情都是要付出代价的，我只需要一个人默默忍受寂寞就可以了。如果我的下属，是因为跟我关系好才做错了事，那么，需要忍受的人可就不止我一个了。”

也有人问他：“您跟下属之间的关系太远了，这样会不会影响他们的执行力啊？”

戴高乐将军则说：“不跟他们交往，不代表我不关心他们。他们从我这儿能够得到的，我一分都不会少给他们！”

戴高乐将军之所以这么做，主要是出于两方面的原因：一方面，他认为工作调动是正常的，人员固定才不正常。另一方面，他不想让身边的员工变成他无法离开的人。戴高乐将军想依靠自己的思维和决断力去做法国人民的领袖，他不会让身边出现他永远离不开的人。

只有通过人员调动，戴高乐将军才能跟下属们保持一定的距离；只有有了距离，他才能对这些下属进行更好的管理，也更好地保证顾问们的思维及决断能具有持续不断的新鲜感，才能真正杜绝下属们打着他或政府的名义营私舞弊的现象。

在地勘企业的实际管理中，管理者不可能每两年就更换一次下属，但却可以跟下属保持一定距离，尤其是针对那些新入职的员工。

我们必须认识到，领导者跟普通员工之间还是存在差距的，所扮演的角色更是截然不同。如果一家企业主管既想当下属的哥们儿，又想当好管理者，想同时扮演两个并不相容的角色，只能是哪种角色都扮演不好。

员工会对管理者的这种“两面派”行为怀恨在心，也会被更上层的领导责怪办事不力，到时候只能两头受气。

作为一名管理者，应当时刻保持自身的威严。人们经常说，“领导要跟员工搞好关系”。但这种搞好关系并不是越平易近人，越能够跟员工打成一片就越好。现实中，有不少管理者都选择跟员工称兄道弟，虽然有利于工作的推动开展，但很可能造成的后果就是管理者在发布命令的时候，没人愿意听从。因此，树立领导的权威，管理好员工，把握好上下级交往的尺度是十分重要的。

适当的距离其实是对管理者有好处的。即便管理者再“民主”，再“平易近人”，也需要保持在员工心目中的威严。如果员工与管理者称兄道弟，就会降低管理者在员工心目中的威信，让人觉得管理者和员工不再是上下级关系，而变成了哥们儿关系。既然是哥们儿，那员工就可能不会把管理者的命令当回事。

那么，地勘企业的管理人员究竟要如何处理跟员工之间的关系呢？

（1）保持适度合理的距离感。分清楚工作与生活的关系，管理者需要用威信来让员工知道，什么才是员工和领导之间该有的关系。

（2）不要介入员工之间的是非长短，也不要跟员工有过多的闲聊。

（3）不要跟某些员工过于亲密，管理者需要支持团队中的每一个成员。

总而言之，无论是新上任的领导，还是干了多年的领导，都应该摆正自己与员工之间的位置。管理者要维护好自己的威信，才能更好地管理员工。

地勘企业管理者需要让上下级关系清爽起来，与员工之间保持好适当的距离，这样才能树立威信，让自己的管理更加行之有效。

三、用企业规章管人，而不是用人管人

管理就像带军队，有一个铁的准则最重要。毕竟放任就是最大的“不信任”，一旦员工被“放任”，他们就会逐渐地“自流”。

企业管理并不是一件简单的事情，不仅仅是地勘企业，任何一家企

业的管理者，都要把企业规章制定出来。那么，现代企业究竟是该严格按照公司的制度规定来进行管理，还是用人来管理，这是每一个经营者都要考虑的问题。

如果将这个问题看作一道简单的问答题，那答案一定是“法治与人治”兼有。事实上，在现实的企业管理中，确实应该兼顾法治和人治。可“纸上谈兵”容易，真正落实到执行上却没那么简单了。

国外企业更偏好使用规章制度管理，而国内企业更喜欢用人管人，这其实是由东西方文化差异造成的。西方人情关系表现得比较弱。在企业管理中，员工出现什么样的问题，就要根据什么样的规章制度进行处罚，即使是高级管理人员出现问题，也应依据公司的制度进行处理。西方国家企业的员工更多是听命于企业的制度，而不是企业的管理者，所以下层员工因为工作原因与管理者据理力争的情况也是十分常见的。

而在东方文化之中，人情永远是无法绕开的束缚，中国文化更是向来秉承以人为中心。所以托人找关系，有关系好办事也成了约定俗成的习惯。在企业管理中也是一样，即使企业拥有明确的制度规定，但在处理具体问题时也会相应顾及人情关系。

根据国情及文化的不同，这里并不是说东方文化中的“人治”不好，也不是强调西方文化中的“法治”要更优秀，在面对具体的问题时，具体分析实际情况是做出判断的唯一准则。所以在决定人治和法治时，认清自身所处的位置是十分重要的。

对于一些初创的小企业来说，一上来就采取法治的方式进行管理，不仅会出现制度不适应企业发展速度的问题，而且由于小企业员工人数较少，处于发展的初级阶段，员工和管理者之间更多表现为一种并肩作战的关系，一味地采用法治手段，会影响到团队的稳定与和谐。

可对于大型地勘企业来说，是一定要以企业规章制度为准的。因为地勘企业的部门复杂、员工众多，如果仅仅依靠人治管理，就很难协调各方面的利益诉求。倒不如推出完善的企业规章制度，制定公开透明的奖惩制度，从而形成一个对各个部门、所有员工都具有同等约束力的管理体系，这样才能够保证地勘企业的规模能够继续扩大与正常发展。

而且，企业规章制度的具体表现形式是一种稳定的制度体系，而人治则是一种随时变化的管理方法。地勘企业只有以法治为基础，同时实行人治相辅助，才能达到完美的管理状态。

虽然号召地勘企业用企业规章制度进行企业管理，但完全的法治和完全的人治都是企业管理的误区。如果完全依靠规章制度来进行企业管理，就会显得地勘企业制度过于冰冷，还会造成员工的疏离感，让企业缺少人情味。但完全依靠人治来进行企业管理，又很容易扰乱企业正常的管理秩序，出现“人情大于事理”的现象。

作为地勘企业管理者，除了让企业规章与人治并行外，还需要进一步了解法治与人治在实行过程中需要掌握的具体方式。其方式主要体现在三个方面。

首先，无论是法治还是人治，都需要提前进行明示，然后慢慢渗透入平时的管理工作中。法治的前提是拥有一个完备的法规制度体系，企业的法规制度要在员工入职时就让其清楚，同时在员工工作过程中也要不断深化员工的法规制度意识。这样可以避免员工在工作出现问题受到处理后产生抱怨心理，毕竟制度规定早已明示。

当然，在用规章制度约束员工的同时，也要时刻展现人治的魅力。在企业管理过程中要注意培养员工的企业文化意识，增强员工对企业的归属感。不要等待冷冰冰的法规制度影响到员工的工作积极性之后，再去想补救措施。

其次，在实行法治的过程中，一定要注重对企业规章制度的完善。随着企业规模的扩大，以及市场环境的改变，企业规章制度也应该随时进行改变，这样才能保证规章制度更好地发挥应有的作用。无论规章制度如何完善，在法治过程中，最重要的一点就是要做到人性化。规章制度是准则基础，十分重要，但却不能缺少人性化的规定，再完善的规章制度如果不尊重员工人格，强行压榨员工工作价值，也是不可取的。

人治是一种充满人性化的管理手段，但相对于企业规章制度而言，又容易出现缺乏公平性的现象。缺乏公平性的人治要远比缺少人性化的法治对企业发展的危害更大。如果管理者完全从自身喜好出发，对员工厚此薄彼，会很容易引起员工心理上的不适，从而对企业凝聚力造成不好的影响。公平性讲求赏罚分明、按劳分配，在公平管理这个过程中，法治将会起到重要的作用。

最后，在按照规章制度对出现问题的员工进行处理之后，一定要用人治的手段对员工进行安抚。法治更多的是依靠规章制度让员工“口服”，只有适当的认知才能让员工“心服”。在处罚员工的同时注意言辞和手法，用更加容易让人接受的方式处理员工所犯的错误，从而减少员工的不满情绪。

这里说的是法治之后再辅以人情，也就是说出问题的员工该处理就要处理，犯小错误的小惩为戒，犯大错误的惩罚的程度就要加重，如果面对那种屡教不改，犯了无法饶恕的错误的员工，那就应该依据制度规定该辞退就辞退，不必顾忌双方的面子问题。

不止地勘企业，任何一家企业都要有铁一样的规章制度体系来保障企业正常的运行秩序。同时，地勘企业也要有棉一样的人情关怀，这样才能够让员工感受到企业的温暖和工作的乐趣。合理运用制度进行管理，是地勘企业营造良好氛围的关键，也是现代企业竞争的一个重要因素。

四、利用沟通管理，改善人际交流

作为一名地勘企业的管理者，在跟员工进行沟通的过程中，经常会遇到“秀才遇到兵，有理说不清”的事情。尤其在跟基层员工进行沟通时，基层员工听不懂管理者的要求，管理者不懂基层员工的操作流程，这样的情况会让双方不愿继续沟通，而沟通的缺失也会造成严重的管理后果。

其实，不仅地勘企业有这样的情况，其他企业也都有因为沟通方面有所偏差而导致严重后果的情况。管理者若想在工作中做出正确决策，就必须时刻保持与基层员工的联系。因为基层员工手中的信息，往往是产品的第一信息。因此，管理者要想让决策符合产品的市场利益，就必须要保持与基层员工的沟通。即便是再有创造性的建议，再完美无缺的计划，离开了基层员工的智慧后，这些都不过是无法实现的空中楼阁。

沟通的目的在于传递信息，管理者能通过沟通，对员工进行更好的管理；员工也可以通过沟通，将真正有价值的建议传达到管理层和决策层。

在管理过程中，也存在基层员工认为“天高皇帝远”，因此做事马虎偷懒、得过且过；管理者更愿意与高级职工进行沟通，而忽略了基层员工的建议与诉求的情况。

那么，管理者应当怎样与员工建立有效沟通呢?

首先，管理者需要让基层员工对沟通的内容进行及时反馈，只有消除员工对管理者意图理解的误区，才能让彼此的沟通产生最大效率。

比如，当管理者向基层员工布置一项任务后，管理者可以使用简单明了的方式，接着询问：“你明白我的意思了吗?”在员工表示明白后，管理者需要让员工将任务复述一遍。如果员工的复述内容与管理者所述一致，即说明彼此的沟通是有效的。反之，如果员工的复述内容与管理者的任务出现误差，则需要管理者进行及时纠正。

其次，管理者需要对不同的人使用不同的语言。即便是在同一组织里，不同的员工也会因为年龄、受教育程度等不同，对不同的话产生不同的解读。

由于基层员工的专业化分工不同，会导致管理者听不懂各个专业分工的员工的“行话”与技术用语。因此，管理者应当尽量使用基层员工的“行话”与之交流，这样才不会对沟通造成障碍。

在语言方面，管理者可能会说出一些让基层员工听不懂的话，给彼此的沟通造成障碍。因此，管理者在与员工沟通时，应当选择方便其理解的词汇，让沟通内容更加清楚明确。尤其是在传达重要信息时，管理者可以使用简化的语言与基层员工沟通。

比如，在正式分配任务前，管理者可以先将书面讲话稿打印出来，再与几名员工进行沟通。在沟通过程中，管理者可以让其对不明白的地方进行标注，方便自己予以解答。

再次，管理者需要积极倾听员工的意见和建议，若想让彼此的沟通有效，双方就需要积极地投入到沟通中。

当员工说出自己的意见和建议时，管理者应当认真地倾听，并给予员工鼓励和反馈。很多时候，管理者都扮演着单纯的说话者或倾听者的角色。这是因为他们没有注意，自己只是被动地说或听，完全没有主动地对信息进行搜寻和理解。

管理者应当把自己当成积极的倾听者，同时将自己放在员工的角色上，这样才能正确地理解员工的意图。同时，管理者在倾听员工说话时，应当先客观地将员工的发言听完，然后再做出判断。

管理者如果听到了跟自己观点不同的言论时，先不要急着发表自己的看法，因为这样会让员工觉得不被尊重，也会让你漏掉其他信息。做一名积极的倾听者，以及一名优秀的反馈者，是管理者与基层员工沟通的必要前提。管理者需要把自己的意见，推迟到员工把话全部讲完之后提出。

最后，管理者要注意保持理性，不要因为情绪化行为给基层员工造成不好的影响。研究表明，员工在接收信息时，管理者的情绪会直接影响到他们对信息的理解。情绪也会让管理者无法进行客观的思维活动。

地勘企业的管理者在与基层员工进行沟通时，应当保持理性与克制，这也是促进上下级良好沟通的必要条件。

第三篇

地勘企业优化管理机制思考

第九章

牢牢攥紧 21 世纪最珍贵的资源

一、薪资，留住人才的科学方式

老高是某地勘局新入职的地质勘查技术骨干，虽然他是新入职的员工，但他之前在外省工作，有 10 年的相关经验，在工程地质勘探方面也是没的说。在新入职的所有员工中，老高的专业知识和业务能力无疑是拔尖的，即便是跟老员工相比，他也丝毫不逊色。

可最近，他在单位却遇到了点烦心事。

老高的能力已经得到广泛认可，而且经常被派遣到外地公干，俨然成了技术队伍中的中流砥柱。可工作多了，老高的职位、工资一点儿没涨，福利待遇也没有丝毫变化。儿子上大学要用钱，老人生病吃药也是一笔开销。生活的窘境可想而知。

转眼到了中秋节，单位给员工发放了月饼、苹果等节日礼品，可老高拿到的却是最后剩下的两箱——月饼的盒子压烂了，苹果也是最小的。老高于是向行政部门反映，但行政部门的工作人员却不耐烦地摆摆手："你才来了几天啊，资历不高要求却挺多。我们在这里已经工作多少年了。"

老高很气愤，思索再三后，他决定向单位提交辞职报告。

对地勘局来讲，老高无疑是位专业人才，但对于人才，该单位却没有表现出应有的留用态度，反而将人才与普通员工的论资排辈画了等号。人才做了较多的贡献，但却得不到应有的回馈，久而久之，也只能通过跳槽的方式来寻求更加优厚的待遇了。

所谓薪资管理，就是企业为了保证员工的合法权益，参照相关原则和依据而制定的科学的工资发放制度。

为了体现地勘企业“选贤任能、位以授能”的纳贤机制，也为了展示企业“能者上、平者让、庸者下”的留人机制，除了在精神文化方面做到感情留人外，还要在薪资福利方面做到待遇留人。

地勘企业可以根据行业的历史、现状以及未来的战略发展，具体制定各个岗位的薪资标准，同时还要根据员工付出的劳动量大小，以及职务的高低来制定相应标准。不同地区、不同规模的公司，需要根据当地劳动力与人才市场的供求情况，具体制定薪资标准。对于表现突出的员工，以及工作的复杂程度、员工的年龄工龄等，企业也需要制定相应的薪资标准。

从以上这些方面考虑，地勘企业应该在一定的原则基础上，完善自身的薪资待遇机制，只有这样，地勘企业才能切实留住人才。一般来说，在制定薪资待遇机制时，地勘企业需要遵循的原则主要有以下几个方面。

公平原则：即外部公平、内部公平、个人公平。

竞争原则：在与同地区同行业同等职位进行比较时，薪酬福利需要具有一定的竞争力。

激励原则：薪资结构和具体指标合理，最大限度地调动员工的积极性。

经济原则：用最少的钱去办最多的事，员工创造的价值要比成本更重要。

合法原则：薪资待遇机制要符合《劳动法》及其他法律法规的要求。

实用原则：主要采用岗位职能等级薪资制，同时根据生产经营的需要安排其他薪资分配方法。

作为企业管理的重要组成部分，地勘企业应当针对不同的管理规模与情况，具体采用不同的薪资管理模式。一个完善的薪资管理机制，不仅应该包括员工的薪资标准、薪资的具体构成、发放薪资的政策办法和原则，还应该包括对员工工作的评价机制，以及具体的薪资评价制度。

薪酬管理机制是人力资源管理的重要组成部分，在人力资源管理方面，地勘企业需要在以下几个方面做好工作：

第一，要不断完善人力资源体系，制订出有针对性的人才需求计划，在这一方面，需要始终围绕企业的发展战略去做。

第二，地勘企业应该将人力资源部门的工作重心从传统的行政职能，更多地转向服务职能和战略职能。

第三，薪酬管理的基础从身份职务等级差别变为岗位价值的差别，按岗位序列设计个性化的薪酬体系，彻底消除平均主义，拉大薪酬差距。

第四，制定科学合理的绩效考核指标、考核周期，考核结果的合理应用等，特别是实现绩效考核与薪酬挂钩。

第五，建立多渠道的招聘机制，内部培训与外部引进相辅相成；试用末位淘汰制，在续签合同时建立劳动者与用人单位双向选择机制。

第六，为员工提供立体式的职业发展途径，改变过去以行政系列为主的职业发展模式，横向和纵向发展相结合。

从以上方面我们不难看出，地勘企业若想构建一套完整、合理、科学的薪资制度，需要从薪酬体系与绩效考评两方面入手。下面我们来具体阐述一下。

（一）薪酬体系

地勘企业可从以下几个方面构建符合企业发展的薪酬体系。

1. 对现有岗位进行责权划分

明确现有岗位的描述，建立按岗位定薪的薪酬标准体系，建立符合地勘企业运行的薪酬与发展序列。例如，行政、技术、管理等不同的序列。

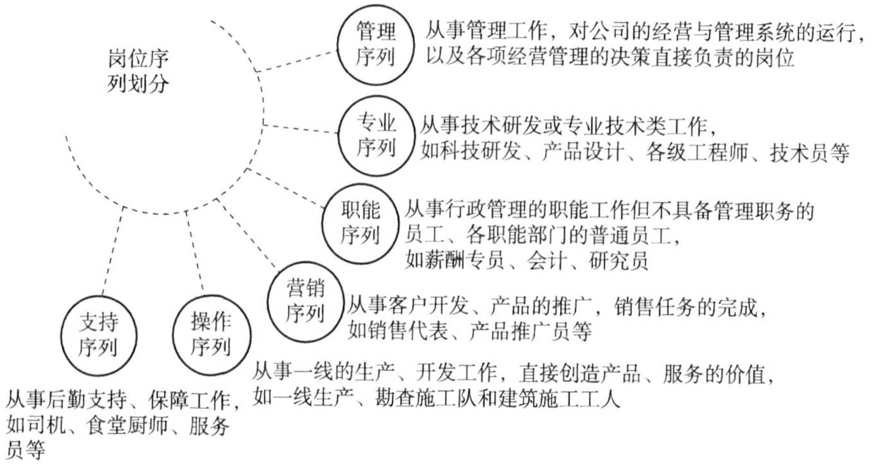

图 9-1　岗位序列划分图

2. 在薪酬的组成上，可分为固定工资与浮动工资两部分

适当调整浮动工资比例，用于绩效考核，逐步在国家相关政策的允许范围内，丰富薪酬的构成。在薪酬体系的构建过程中，必须建立起薪酬与绩效挂钩的体系，以保证薪酬对员工的管理与激励作用。

（二）绩效考评

地勘企业可从以下三个方面具体推进绩效考评的管理进程。

1. 绩效考核指标

绩效考核体系的建立，以明确部门、岗位绩效指标为核心依托，具体分为岗位关键业绩、工作计划完成情况、项目考核内容、能力及态度四类指标。

2. 明确绩效考核管理制度的内容

绩效考核管理制度的内容包括考核组织和职责、考核原则、考核内容和周期、考核结果的计算办法、考核结果申诉、考核结果运用、例外考核等。

3. 确定考核管理的相应制度流程

明确考核结果的应用，对员工的激励制度实施多元化，除了传统的薪酬奖励，还可以设置奖品奖励、授予荣誉奖励等。

只有切实建立“选才、育才、用才、留才”的人力资源管理体系，才能充分激励与约束人才，让人才为地勘企业增光添彩。因此，构建一套科学的薪资制度，是地勘企业留用人才至关重要的方法。

二、团队，让最优秀的人培养更优秀的人

所谓团队，就是由一个优秀的人带领，通过团队建设来培养更优秀的人。

几乎所有企业和团队的工作都是围绕目标、执行和激励这三方面进行的。地勘企业也是如此，只有最大限度地解决这三个问题，才能让地勘企业的运作更加高效，才能打造一个适合企业发展的良好的环境。

所谓团队目标，就是要让员工跟管理者一条心。要做到这点，除了必需的福利待遇外，最重要的就是让团队成员跟管理者的目标一致。

管理者要让员工们知道自己该做什么，怎样做，最终达到怎样的目的，到什么程度才算是达到目的。因此，我们首先要注意的就是团队的目标管理。

在此，又得提一下“OKR”管理工具。“OKR”也是一套严密的纪律要求，其目的是确保团队成员间的紧密协作，将众成员的精力聚焦在促进组织成长的贡献上。结合团队建设及员工成长具体来讲：

目标（O-Objectives）解决的是“我们想做什么”的问题，也是一个定性问题；

关键结果（KR-Key Results）解决的是“我们怎么知道自己达成目标要求与否”的问题，是定量问题。

对于地勘企业来说，很多项目和工作都存在时效性，因此，给团队成员限定完成周期，是为了能更加及时地衡量目标的科学合理性。同

时，管理者还可以根据关键结果（KR）的进展，判断该团队的效能。管理者对关键结果的完成情况，参照团队建设绩效评估表进行打分，评定成员对目标完成的情况与质量，然后具体评价每位成员的绩效成绩。

当然，在地勘企业各个团队的具体操作中，会发现影响目标执行结果的因素其实有很多，但只要团队的目标清晰、基调明确、标准具体，在执行的时候就会更加容易一些，至少大家对自己该做什么，不该做什么等问题有一个明确的认知。

其实，现在有不少地勘企业的管理者从事业管理体制而来，不同程度地存在“既要马儿跑，又要马儿不吃草”的心理。这不能说错误，因为大部分人都想通过最低的成本来攫取最大的利益。可是，管理者需要明白，低成本也是有限度的，对于员工来说，适当的激励措施是非常必要的。

如果管理者能将激励机制与团队目标挂钩，就能取得更好的管理效果。毕竟只有目标没有激励，员工会觉得团队目标的完成与否，或者目标完成的质量好坏都跟自己没有关系，大部分员工都只关心跟自己切身利益相关的内容。因此，将激励机制与团队目标挂钩是至关重要的。

至于地勘企业的管理者们要如何建立激励机制，就需要根据各自企业的不同特点来具体制定了。但总体来说，管理者可以按照马斯洛的需求层次理论来制订相关制度。除让员工在满足基本生理需求与安全需求（即工资、奖金和福利）外，还要让员工感受到归属感，让他们感受到自己的成长，这样才能保证地勘企业的良性运转。

下面是企业团队建设绩效参考评估表。

表 9-1　企业团队建设绩效参考评估表

地勘企业名称：		评估人：					
职务：		评估时间：					
评估指标	权重	目标达成度					得分
		100%	80%	60%	40%	20%	
结果导向类指标	60 分						
1. 完成业绩目标	20 分						
2. 如期完成工作数量	10 分						

续表

评估指标	权重	目标达成度					得分
		100%	80%	60%	40%	20%	
3. 工作质量达标	10分						
4. 用户满意	10分						
5. 团队整体素质和能力水平提高	10分						
过程控制类指标	40分						
1. 团队对其他远景规划、使命、价值观、组织结构、组织章程以及规章制度有书面说明	2分						
2. 团队拥有清晰、共同认可的目标	2分						
3. 团队章程符合实际，且大家认同	2分						
4. 团队拥有一致认同的价值观	2分						
5. 团队为实现目标制订了行动计划	2分						
6. 团队对目标及任务按照成员分工、时间进度进行了合理分解	2分						
7. 团队成员权限清晰、职责分明	2分						
8. 团队成员清楚地知道加入团队的益处	2分						
9. 团队成员职能角色实现了定期轮换	2分						
10. 团队按照共同约定的授权范围以及决策原则制定每一项决策	2分						
11. 团队制定的决策得到成员的一致同意	2分						
12. 团队制定了科学完善的规章制度、工作流程，并及时检查遵守情况，持续改进	2分						
13. 团队始终致力于改进绩效、优化团队内部技能组合的支撑力	2分						
14. 团队会议定期召开且效率高	2分						
15. 团队成员间沟通开放、坦诚、互相促进、协同性强	2分						
16. 团队拥有高效解决内部冲突问题的机制与方法	2分						
17. 团队成员乐于接受新的思想、观念与信息，保持着较强的创新力与变革力	2分						
18. 团队能够建设性地解决各种困难问题	2分						
19. 团队根据培训需求制订并开展持续性的培训计划	2分						

续表

评估指标	权重	目标达成度					得分
		100%	80%	60%	40%	20%	
20. 团队成员参与性强，凝聚力高，追求卓越，渴望职得成就	2分						
合计	100						
评估意见							
存在问题							
改进方法							

三、爱岗敬业，注重培养员工职业素质

随着市场经济的发展，地勘企业想要在市场竞争中占据优势，就要注重员工的素质培养，这样才能通过人才节约企业成本，促进企业良好发展。

现代企业之间的竞争，说到底都是人才的竞争。企业想要实现快速发展，员工的素质培养工作就必须要做好。

为了让地勘企业内部各部门、各单位能够细致有序地开展培训工作，管理者必须要制定出完善的企业培训管理制度。

培训管理制度越完善、越全面，企业的培训工作就越专业、越规范，最终取得的效果也就越好。所以，在具体执行地勘企业的培训管理工作时，管理者们也要遵循一些重要的原则。具体来说包括以下几方面的内容。

全员性原则

地勘企业要明确，进行培训的目的是提高全体成员的综合素质和工作能力。无论是普通员工，还是企业各层级的管理者，都应该充分认识到企业培训管理工作的重要性。因此，在进行企业管理培训时，从管理

者到员工都要积极参与，提升自己的专业能力。

针对性原则

企业的培训管理工作要有目的、有针对性地进行，地勘企业培训管理工作的内容应该符合不同培训者的实际需求。一方面，不同岗位的员工应该有针对性地接受不同专业技能方面的培训。另一方面，不同层级的员工也应该有针对性地接受不同类型的能力训练。

计划性原则

地勘企业在进行培训管理工作之前，一定要制订出相应的培训管理计划，在具体的管理培训工作中，也要严格按照计划去执行。

全面性原则

全面性原则不同于全员性原则，全面性原则强调的是培训管理工作中的培训内容。在地勘企业培训管理工作中，培训内容必须全面，要将基础培训、素质培训和技能培训结合在一起。在具体的培训方式上，也要综合运用讲授、讨论、参观、实践等多种方式。这样才能够更好地发挥培训管理的效果。

考核性原则

在地勘企业培训管理工作进行过程中，人力资源部门要定期对培训效果进行检验和评估。在企业培训管理工作结束之后，相关部门应该对参加培训的员工进行必要的考核。考核不仅需要进行评分和奖惩，还要给出相应的改进和完善意见。

一般来说，企业在进行培训管理工作时，主要需要做好以下几个关键环节。

1. 培训对象分析

地勘企业在进行培训管理前要对培训对象进行全面分析，具体包括对其知识结构、学历水平的分析，以及对其工作经验、工作表现的分析。

在具体分析方法上，人力资源部门可以根据基础的人事数据收集，或是通过与培训对象进行面谈，来了解培训对象的具体信息。也可以通过与培训对象的上级进行沟通，来了解其在工作岗位上存在的实际问题，以及可能的解决办法。

2. 培训需求调查

在完成培训对象分析之后，人力资源部门需要对培训对象进行客观、全面、细致的培训需求调查。在这个过程中，人力资源部门要明确培训工作需要解决的实际问题，以及进行培训的具体目的。

3. 制订培训计划

综合前两项工作的结果，人力资源部门需要结合培训对象的实际情况，制定出切实可行的培训计划。培训计划制订得要尽可能详细，不仅要明确培训对象、培训人数、培训目的和培训内容，还要明确培训的负责人，以及各个培训环节的工作人员。只有做好各个环节上的计划，才能保障培训计划在整体上的可行性。

4. 落实培训计划

再好的培训计划只要没有落地执行，就不会取得效果。很多企业的培训计划看上去都非常完美，但一到执行环节，要么错误频出，要么无法推行。究其原因都是因为在具体执行环节，相关部门没有严格按照计划去施行。

因此，当培训计划一旦通过之后，人力资源部门应该和各部门一起对培训计划的具体执行情况进行监督，同时对培训效果进行评估。一旦发现问题，就要立刻解决。如果是执行中的问题，就要在追究相关部门责任的同时，加强管理。如果是培训计划出了问题，就要及时改正培训计划。这样才能更好地完成培训工作。

5. 评估培训效果

培训效果的评估可以分成培训过程中的效果评估和培训结束后的效果评估。

在培训过程中，培训负责人可以通过与培训对象进行沟通，来了解培训对象在培训过程中存在的问题，以及培训对象对培训内容的意见。

在与培训对象进行沟通的同时，培训负责人还要与培训讲师保持一定的沟通，这样才能够保证培训取得好的效果。

在培训结束后，培训负责人需要和讲师一起，对培训对象进行回访和调查。主要考察培训对象的技能提高程度、行为改进程度和对新知识的接受程度。这些内容可以作为培训考核和改进的依据。

6. 进行培训考核

在培训结束之后，要对培训对象进行相应的考核。一方面是为了检验培训的效果，另一方面也可以加强培训的效果。相关负责人要保证培训考核在公平公正的情况下进行，同时还要及时对培训对象的意见进行反馈。

7. 统计培训结果

统计培训结果是为了检验培训是否达到了目的，同时也是为了改进和完善培训计划。在培训考核结束之后，企业可以根据具体的培训结果，对培训对象进行相应的奖励和惩罚。培训的结果也可以作为薪资调整和职位升迁的一个重要依据。培训负责人应该对培训中的所有资料和数据进行汇总统计，统一交由人力资源部门保管。

建立规范的培训管理工作流程，能够保障企业培训管理工作稳定有序地进行，同时也能让培训工作变得程序化和制度化，达到培训管理的目的。

四、建立科学的人才选拔制度

在现代社会中，企业的竞争说到底是人才的竞争。那么，怎样开发人才、培养人才、使用人才，就成为摆在每家企业面前的重要课题。

下面是有关地勘企业人才选拔制度的几点建议。

1. 建立科学的选才用才机制

建立人才竞争机制很重要。对地勘企业来说，公开选拔、竞争上岗等方式都是不错的选择，只有把优秀人才选聘到合适的岗位上，才能实现人尽其才。

建立公开、公平、公正的人才考评机制是每家企业都要重视的。只有把考评结果和员工收入挂钩，才能实现人才优胜劣汰。建立科学的选才用才培养机制，才能合理地加快培养速度，促进人才快速使用。对那些有潜力的年轻人，要大胆地给位子、给担子，让他们经风雨、见世面，这样才能增加才干。

2. 做好企业技能人才培养

做好企业的人才培养，就要充分发挥人才资源的基础作用。

对地勘企业来说，举办各类综合性和专业性的技能人才招聘会是相当有效的途径。人才招聘会能给用人单位和人才提供双向选择的机会。围绕重点产业以及关键行业，要培养能独立解决技术难题的高技能人才。

企业要加大对优秀人才的培养力度，多给他们锻炼和成长的机会，把担子交给他们，并按照不同类型的岗位要求，实行量才培训，这样才能打造出企业优秀人才高地。

3. 积极营造留人的外部环境

我国改革开放的总设计师邓小平曾经说过，“选准了人，就有了希望”。地勘企业员工的激励制度也该如此，企业应当顺时应势，立足全局，真正把经济建设和人才培养结合起来。

要知道，人才培养工作是一项长期而重大的工作，地勘企业必须把人才工作放在突出的战略位置上。

当然，在人才培养的同时，要学会从感情上亲近人才，关心爱护人才。这一点主要表现在提高人才的生活质量、工资标准、福利发放和医疗补助等待遇上。只有切实关心人才的衣食住行，解决人才子女的入学，落实社会保险转接等问题，才能真正做到用感情拴心，用待遇留人。

明确人才工作责任机制也是十分重要的一点。要知道，人才工作是一项系统工程，必须把责任明确到个人。作为管理者，凡事要亲自抓、亲自问，自己先起到表率作用，这样才能带动和影响全单位支持人才工作。

关于人才培养，负责组织的人事部门也要为他们提供机会、搭建平台，争取把人才工作的推动再提升到一个新阶段。

“栽好梧桐树，自有凤凰来”。

说到底，在当今乃至将来，企业的竞争，就是人才的竞争。如果把优秀的人比作千里马，那HR就是伯乐。当伯乐慧眼识别出千里马时，千里马必会感念伯乐的知遇之恩，继而倍加努力，奋勇向前。

五、地勘企业员工的奖惩激励制度

奖惩制度，是一种促进和保持员工工作积极性与自觉性的重要手段。地勘企业建立起良好的奖惩制度，不仅可以贯彻团队精神与企业宗旨，还能保证让企业的目标得以实现。

对专业性很强的地勘企业来说，人才是企业发展不可缺少的战略性资源。一家企业若想成功，必然要不断聚集和造就高素质的人才。地勘企业不仅要生产产品，更要生产人才。而奖惩制度的原则是：奖优罚劣，奖勤罚懒，鼓励上进，鞭策落后。

奖励是肯定员工取得成绩的直接体现，也是员工不断进取的动力，是公司的激励措施。地勘企业应当奉行有功必奖的原则，这样才能激励员工爱岗敬业。人才的潜能能否发挥和能在多大程度上发挥，在一定程度上依赖于对人才的激励力度。

企业在人才引进、使用中要积极研究个人需求和制度对个人需求满足感的影响以及能产生各种激励作用的机制，最大限度地调动人才积极性，最终实现企业经济发展与人才资源开发的双丰收。

1. 量化具体目标

作为地勘企业的经营者，正确认识团队绩效、部门绩效和员工绩效之间的关系是十分重要的。员工绩效是员工行为和产出的一个综合结果，也是企业绩效的基础所在。如果过分强调员工绩效，便会导致部门内部过度竞争，影响部门整体绩效，甚至牺牲部门利益。如果过分强调部门绩效，则容易忽视员工绩效，会很难确定个体在部门的作用。当绩效考核与员工的薪酬待遇相联系时，容易造成内部不公，影响部门整体凝聚力，影响部门绩效和组织战略目标的顺利实现。

所以量化绩效考核的具体目标是十分重要的，只有正确处理团队、部门、员工之间的绩效考核关系，才能高效率、高质量地完成绩效考核工作，而不仅仅是“走过场”，开展一些形式上的工作。

2. 精确考核项

地勘企业在协调员工绩效考核和部门绩效考核二者关系时，需要明确一点，那就是员工绩效考核和部门绩效考核是相辅相成的。通常情况下，部门工作效益并不能单纯从员工工作绩效中反映出来，而往往在部门的绩效中得到反映。如果单独对员工的工作完成度进行考核，则会掩盖部门的工作绩效。

有时候员工个人完美地完成了自己的工作，但部门却并没有完成相应的工作任务。而有时候，部门整体工作已经完成，但某个员工个人的工作却并没有完成。所以进行绩效考核的时候要精确考核项，将考核项落实为一个个考核指标，进行精准的绩效考核。

3. 各部门制定绩效考核表

制定绩效考核表，也是地勘企业进行绩效考核工作至关重要的一环，没有一份完整的绩效考核表，绩效考核工作也就无从进行。在制定绩效考核表时，除了选择一个适合的考核方法，兼顾全部考核项之外，多方修订也是一个重要环节。

当各部门制作完成本部门的绩效考核表之后，人力资源部门要将各个部门的考核表整理起来，从更专业的角度进行统一审核。这里面就包括审核不好量化的指标、有争议的指标、与公司目标不匹配的指标和被考核人掌控不了的指标。对这些指标逐一审核之后，人力资源部门还需要对各部门绩效考核表的文字内容进行丰富和润色，使其更加完善。

4. 绩效的跟踪和评定

多数人认为绩效考核表出炉之后，只要依据表格的内容进行绩效评定就可以了，但实际上，绩效考核表出炉并不意味着绩效考核工作的完成，这时候绩效考核工作恰恰进入了最关键的时期。

在进行绩效评定之前，人力资源部门需要对各部门、各员工的绩效进行跟踪，同时对于绩效出现问题的个人或部门进行相应的辅导。

在绩效考核中，管理者必须做好对于细节的管控。企业追求的是最终的经济利益，员工完成工作会为企业创造收益，完不成工作企业就会损失利益，所以从结果角度去进行绩效评定似乎并没有什么不妥之处。在大多数情况下，结果监督并没有什么问题，但遇到下面类似的情况，就会暴露出十分严重的问题。

员工工作没有完成，如果从结果来看，似乎是个人的过错，但如果从整个过程来看，很多人都需要对此承担相应的责任。所以相对于结果监督而言，注重过程监督更能够提高绩效考核的准确度和公平性。

作为管理者也可以因此制定不同环节的绩效考核标准，制定完标准之后还需要对各个环节的工作进行过程监督和辅导。绩效考核标准的制定和绩效考核结果的评价固然是绩效考核工作中的重要环节，但在这两点之间的过程监督和过程辅导，以及绩效改进却是绩效考核工作的细节所在。只有抓住了这些细节，地勘企业管理者才能保证员工更好地完成绩效考核工作，从而使绩效考核真正成为一种能够提高员工工作能力和工作绩效的制度。

六、保护优秀员工的末位淘汰制

俗话说，“十个指头有长有短”，这句话尤其适合放在地勘企业中。工作能力差的员工，自然是企业迫切想淘汰的对象。因此，人才管理制度中的“末位淘汰制”应运而生。下面，我们来具体分析一下保护优秀员工的“末位淘汰制”。

“末位淘汰制”是一种最常见的处理不合格员工的绩效考核办法。根据企业的具体目标，结合各个部门工作岗位的实际情况，设定一定的绩效考核指标，依据这些指标来对员工进行考核，最后根据考核结果，淘汰评分靠后的员工。

从具体的执行效果来看，这种绩效考核制度确实能够提高员工的工作积极性，在很大程度上还可以起到精简机构的作用。但在另一方面，“末位淘汰制”也存在一些消极的影响，除了过于残酷外，末位淘汰制也并不符合现代企业管理思想的要求。

作为一种强势的管理制度，“末位淘汰制”强调对内部员工的竞争从严管理，让员工处于一种高压的环境之下，表面上的积极性实际上是内心忐忑不安的表现。在这种环境之下，并不利于团队精神的形成。团队精神更容易表现为一种人际关系，而非工作上的协作关系。

而现代企业管理思想讲求以人为本，以尊重人性、挖掘人的内在潜能为宗旨，通过创造一种更加宽松、互信的外在环境，充分发挥员工的主观能动性，培养员工的团队精神、责任感和创新能力。不追求短期的企业发展效果，而将眼光放在更加长远的未来。

采用“末位淘汰制”时一定要谨慎，在具体的实际应用过程中应该考虑企业自身是否真的具备适用这种考核制度的条件，是否建立了完备的绩效考核体系，是否拥有合理的补偿制度。对于那些发展到一定阶段，人员过剩，机构冗杂的企业来说，“末位淘汰制”是十分适合的。但对于那些处于初创期，或者发展到一定阶段，人员配置合理，机构设置简单的企业，就不适合推行“末位淘汰制”。

首先，“末位淘汰制”的重点自然是末位。不管是哪行哪业，员工之间都会存在一定的差异。如果将这种差异按照一定的标准排列，就会产生我们提到的末位。当然，不同行业、不同标准下，末位的员工是不一样的。所以，管理者要根据各个岗位的职能，来具体制定相应的“末位淘汰制”。

其次，就是“末位淘汰制”的淘汰问题。一般来说，地勘企业不管是从内部淘汰也好，外部淘汰也罢，都只能证明被淘汰的员工不适合这个岗位，而不能证明这个员工做什么都不行。所以，企业可以将员工进行岗位调动，寻找一个最适合员工的工作岗位。

具体来说，一个遵纪守法，且能很好地服从工作安排的员工，最适合做的是生产人员，而不太适合做创意性或市场开发工作。如果没有“末位淘汰制”，员工就会一直停留在自己不擅长的领域工作，一方面让自己的前途变得渺茫，另一方面也让企业浪费了一定的资源。所以，所谓的淘汰制并不是简单地开除员工，而是在员工工作一定时期内，由企业帮助员工寻找新的工作岗位，让员工能更好地发光发热。

虽然在机关单位中，单位对干部职务的任命和撤销都是可以单方面做出决断的，并不涉及法律问题，但对于企业来说，地勘企业与员工是签订了劳动合同的，这是一种在双方意愿的基础上所构建的法律行为。一旦成立，这份合同就对双方产生了约束力。

在企业与员工之间的合同期限未满前，任何一方擅自解约都是违反法律条款的，因此，在解除合同时一定要有法定支持的理由。

基于上述讨论，地勘企业应明确“末位淘汰制”的界定如下：

为了满足企业的竞争需求，通过合理的方法，对不适合岗位的员工进行合理的安排，同时在一定条件的范围内，实施奖优罚劣制度。根据制度考评后，对排名靠后的员工采取一定的措施，如调岗、降职、降薪、下岗、辞退等。“末位淘汰制”的目的，是促进在岗者激发工作潜力，让地勘企业获得竞争力。但这些措施中，下岗、辞退的行为需要具体筹划，不应直接对员工予以施行。

在“末位淘汰制”中，如果企业解聘员工的理由只是因为员工的工作表现不好，那是不足以对其进行解聘的，企业也是需要承担相应的法律责任的。因此，“末位淘汰制”的使用，还要具体问题具体分析，做到擅用“末位淘汰制”，慎用“末位淘汰制”。

对于那些在工作态度方面存在问题的员工，本身便不愿意好好进行本职工作，更不会有接受培训的欲望，所以对他们进行培训往往是没有意义的。但对于工作能力有问题，以及受到客观条件影响的员工来说，进行合理化培训就显得十分必要，不仅有益于员工的个人成长，还有利于企业的长远发展。

在对不合格员工做好分类之后，便需要安排专门的培训人员对不同岗位的员工进行培训。每个岗位所需要的知识技能并不相同，即使是同一个部门，不同的岗位对知识技能的要求也存在不小的差异。所以培训的第一步是让员工重新了解自身的岗位知识和技能，找到自身应该负担的岗位职责。

当然，完全准确地确定各个岗位所需要的全部知识和技能是非常困难的，一般来说，在培训过程中，可以让部门负责人列举出至少3项各个岗位必须具备的知识和技能。这些知识和技能要尽可能与员工的岗位存在直接联系，而不要仅仅局限在“工作认真仔细”这种空泛的说辞上。

找到了员工应具备的必要岗位知识和技能之后，还需要找到员工自身能力上存在的短板。即使不能通过培训完全弥补其工作方面的短板，也至少能够使员工自身能力的缺陷得到一定的弥补。作为人力资源部门，应该及时对员工培训进度进行记录和总结，从而为后续的员工培训计划做铺垫。

在这里，人力资源部门需要准备各式各样的表格或报告，其中应包括“各部门对应岗位职业技能与知识要求”“各员工个人能力评定”“部门经理对于培训的建议”等内容。根据表格收集到的信息，从而正确制订员工培训计划，提高员工的绩效工作。

除了关键的岗位知识和技能培训之外，帮助员工纠正不好的工作和学习习惯也是一项十分重要的培训内容。培训的目的不仅是让员工能够更好地适应工作岗位，还要让员工学会自我提升，这样才能更好地应对日趋激烈的岗位竞争。

在对不合格员工进行培训时，还应该根据员工的个人真实情况适当进行转岗培训。很多时候，大多数管理者都没有意识到员工转岗培训的重要性，以至于企业损失了许多个性化人才。

在统计绩效考核结果时应更加关注员工的能力特长与自身岗位的适配度，如果考核不合格的员工确实在当前岗位上存在能力短板，那么寻找一个适合他的新的岗位要比继续让其学习当前岗位的知识和技能有用得多。

可能有人认为这是一种“逃避困难”的做法，并不利于员工的成长。但其实，这是一种对员工、对企业负责的做法。企业不需要培养那么多平凡的“全才”，而需要员工在自己的岗位上成为“专才”。员工也不需要逼迫自己变得“多才多艺”，“专攻术业”才能获得更好的发展。

综上所述，绩效考核不合格的员工也并非一无是处，作为企业的管理者一定要明确这一点，很多时候，考核不合格的员工也是一种放错了地方的资源，重新对其加工、整理，将会取得意想不到的效果。

七、地勘企业考核结果分析的作用

绩效考核结果分析的作用主要有以下几点。

1. 发现工作中的问题

前面已经提到了，地勘企业实行绩效考核的目的并非是为了“考核”而考核，而是为了发现企业生产和员工工作中出现的问题，因此，地勘企业绩效考核的目标是改进员工的工作绩效。

既然要改进，就要去发现问题，只有明确了问题是什么，才能够更好地对问题进行解决，从而实现绩效的改进。那么问题从哪里来呢？在笔者看来，大多数问题都会在绩效考核结果之中找到。

一个公平公正的绩效考核体系，能够准确地考评出企业或员工的问题所在，通过对考核结果的提取，我们能够轻而易举地发现出现问题的环节。在绩效考核中发现的企业问题，可以通过改善企业环境和完善企业制度来改进，发现的员工问题，则要根据具体的问题进行有区别的处理。

在处理问题之前，沟通是十分重要的。即使在绩效考核结果中发现了员工的绩效问题，管理者也应该首先与员工进行有效沟通。其实这一工作早在绩效考核过程中就应该随时进行，而不应该等到绩效考核结果出来之后再去进行。

根据绩效考核结果反映的员工问题，管理者应该明辨出问题产生的原因，究竟是员工自身能力确有不足，还是客观条件限制员工工作的开展，抑或是部分员工工作态度存在问题。然后根据不同的原因，采取不同的措施进行处理，只有具体问题具体分析，才能对员工的工作表现做出正确评价。

2. 合理进行利益分配，施行赏罚举措

针对员工在绩效考核中的问题，不同的原因应该受到不同的对待。对于那些努力工作但确实因为自身能力的不足，以及客观条件的限制导致工作任务无法完成的员工，让他们接受进一步的工作培训，将会比直接扣除绩效工资的效果好得多。而对于那些因为工作态度不端正而完不成工作任务的员工，直接给予一定的处罚会更容易起到立竿见影的效果。

除了奖惩措施之外，利益分配也是绩效考核的一个重要目的。

不只地勘企业，大多数企业都会将绩效考核与绩效奖金挂钩，对绩效考核优秀的员工或部门给予丰厚的绩效奖金。同时，调整员工的薪酬也大多依据绩效考核的结果而定，表现优秀的员工理应拿到更好的薪酬待遇，这也是一种最直接的提高员工工作积极性的方法。

一种并不好的绩效考核范例是将绩效考核与薪酬和奖金分离，也就是单纯用绩效考核标准去规范员工的行为，但却并不给予员工相应的物质或精神激励。一些地勘企业的绩效考核工作往往都流于形式，从而导致员工的生产积极性不高，并对绩效考核体系产生抵触情绪，开始畏惧、逃避，甚至是拒绝考核，从而影响到地勘企业的良性发展。

3. 员工能力鉴定

鉴定员工的工作能力可以说是绩效考核最直观的一个结果。正如前文所说，在面对考核结果时，还需要具体分析员工绩效工作产生问题的原因。另外，绩效考核对于新入职员工的转正和定级也具有很好的指导作用。通过对新员工在岗期间的表现进行绩效考核，可以考察其工作绩效、工作能力和工作态度；根据在岗测试结束后的绩效结果，可以为新员工的转正、定级提供依据，同时也能够更加直观地了解到新员工的个人能力特长和意志品质；在员工去留问题上，绩效考核结果也是一个重要的参考依据。

4. 绩效改进和岗位调配

对绩效考核结果进行提取和分析，最根本的目的就是要找到绩效改进的方法、制订绩效改进的计划。

绩效改进计划不仅是地勘企业的企业绩效改进计划，还应该具体落实到每一名员工身上，绩效改进计划的首要目标是要提高员工的绩效工作能力，并且从整体上提高企业的工作绩效。

地勘企业管理者在制订绩效改进计划时，应该与员工进行充分的沟通，而不能仅仅从管理者自身的角度出发，或者单纯依靠绩效考核结果反映的数据进行绩效改进计划的制订。

绩效改进计划应该根据员工的实际情况和企业的发展目标来制订，这样不仅能够帮助员工在未来一个绩效考核周期中做到更好，同时也能够保证地勘企业的发展目标能够顺利实现。

此外，与员工一起制定绩效目标，共同商讨绩效考核方法，在帮助员工成长的同时，也能促进地勘企业的良性发展。

第十章

成本控制比扩大市场更有效

一、地勘企业财务管理中的常见问题

企业财务管理是一项复杂的工作，部分地勘企业在进行财务管理时会出现不同程度的问题。

（一）地勘企业财务管理中的主要问题

一般来说，地勘企业在进行财务管理时，出现的主要问题有以下几种。

1. 对企业财务管理重视程度不够

一些地勘企业的管理者，缺少风险意识，财务管理观念淡薄，对相关法律法规的认识不足，对企业内部财务管理制度重视程度不够，完全依照个人意愿办事。有一些地勘企业不是通过合理有效的财务管理来提高企业经济效益，而是通过虚增指标、偷逃税款的方式增加收入，走入了企业财务管理的禁区。

2. 财务管理基础工作混乱

一些地勘企业的财务管理基础工作薄弱，内部管理权责混乱不清。有的企业虽然制定了相应的财务管理制度，但多数照搬材料，缺乏对自身实际情况的考量，因而也没有起到实际的监督和指导作用。

3. 财务管理人员业务水平较低

随着市场竞争日趋激烈，地勘企业财务管理工作也变得越来越重要。企业财务管理人员的业务水平影响着财务管理工作的开展及质量。合格的财务管理人员应该具备系统的财务管理知识，取得相应的财务管理证书。但实际上，一些财务管理人员知识结构不完善，工作技能也明显不足，有些企业甚至由其他文员兼任财务管理人员，这在很大程度上影响了财务管理的质量和效果。

4. 财务管理工作缺乏有效监控

个别地勘企业的财务管理工作以会计核算为主。这种只注重事后核算，而忽视监督的财务管理模式，很难有效地进行事前预测和对生产过程的监督控制。

5. 财务状况不透明

一些地勘企业的会计核算随意性较大，容易出现财务报表不真实的情况，这往往是受到了人为因素的影响。有些企业年末账面利润较多，但应收账款却居高不下，不良资产持续增长，资金运作困难。这些都会影响到企业财务管理工作的有效开展。

（二）解决财务问题的方法

财务管理工作中出现的问题往往表现在多个方面，造成这些问题的因素也是多种多样的。因此，问题的解决，也应该从多个角度综合进行。具体来说，解决财务管理工作中的问题，可以从以下几个方面着手。

1. 加强财务管理基础工作

地勘企业管理者应该建立起科学有效的财务管理体系，这样才能够使企业财务管理基础工作变得规范化。财务管理应该明确划分财务管理人员的职责权限，形成有效的制衡机制。

2. 增强财务管理意识

地勘企业管理者要提高对财务管理工作的重视程度，企业中的其他部门应该积极配合进行财务管理工作。管理者要让员工认识到企业财务管理的重要性和必要性，要让财务管理人员遵循财务管理制度，依法行使财务管理职权。

3. 培养高水平财务管理人员

想要提高地勘企业财务管理水平，首先要提高企业财务管理人员的综合素质。这需要企业和员工的共同努力。

在企业方面，应该经常组织学习和培训，提高财务管理人员的专业技能和其他能力。同时还应该鼓励财务管理人员积极思考、创新，给予表现优异的人员以物质或精神上的奖励。对于不求上进或是无证上岗的财务管理人员，要进行批评处罚或调离工作岗位。

在个人方面，财务管理人员要主动学习专业知识，拓宽知识范围，掌握全局的规划战略、产业发展、市场营销、地勘特点等。同时还要掌握多种综合能力，补全短板。在进行财务管理工作时，要多从实践中总结经验和教训，在完善企业财务管理流程的同时，提高自身的财务管理能力。

4. 建立健全内部监督机制

为了保障地勘企业财务管理工作有效进行，企业应该根据自身实际情况，制定一套完善的监督制度，要包括监督原则、监督内容、监督方式、监督责任、奖惩措施等。此外，在制定监督制度之后，还要严格执行，在实践过程中，继续完善监督制度，建立起高效的内部监督机制。

二、明确什么是地勘企业的全面预算管理

通过借鉴国内外企业在财务管控上的成功经验，地勘企业总部可以采用“统一领导，分级管理”的财务管理模式。

一方面，总部能够通过财务集中管理，来实现对下属业务单位的管理；另一方面，总部可以通过资金项目、资金额度和预算内外三个层面，对下属业务单元的职责进行划分，使其明确各自的管理权限，并授权给下属业务单位一定的财务自主权。

要想保障地勘企业的良好运行，全面预算管理是不得不提到的一

点。全面预算管理是财务职能战略的基础，也是体现集团管控的重要方式。因此，地勘企业预算管理的总体思路是：按照企业总部及各公司制定的战略目标、经营目标层层分解，下达于企业内部各个经济单位，以一系列的预算、控制、协调、考核为内容建立的一整套科学完整的指标管理控制系统，自始至终地将各个职能部门、责任单位工作的目标同企业战略目标、经营目标、发展目标联系起来，对其分工负责的经营活动全过程进行管理控制，并对实现的绩效进行考评与激励的管理系统。实施方针采取“预算内适度放松，预算外审批严格”。

地勘企业总部全面预算管理的组织体系，是以全面预算管理委员会、全面预算管理办公室为主体的。总部对下属公司的全面预算实行垂直式管理，下属公司设立全面预算管理领导小组和全面预算管理工作小组，同时，在总部和下属单位内部设立全面预算归口管理部门和全面预算责任部门。

作为全面预算管理决策的最高决策咨询机构，全面预算管理委员会是全面预算管理的领导、组织和协调机构，全面负责年度经营目标的拟定并分解到各二级单位、预算调整审批等工作，承担全面预算管理领导及调控职能。

全面预算管理委员会由总部和下属单位高管人员组成，至少包括总部领导、财务部门负责人、下属单位负责人、分管领导、财务总监，主任由总部负责财务的领导担任。

全面预算管理办公室是全面预算管理委员会的执行机构，总部财务部门担负全面预算管理办公室的职责，并且由总部财务部门负责人担任全面预算管理办公室秘书长，组织和管理全面预算管理办公室工作。

下属单位全面预算管理领导小组是各公司全面预算管理的决策和领导机构，承担各公司全面预算的管理及调控职能。下属单位全面预算管理领导小组由各单位负责人、分管领导、财务总监、各部门部长组成，其中各下属单位负责人为领导小组组长。

下属单位全面预算管理工作小组是下属单位全面预算管理领导小组的执行机构，在各单位的财务部门设立管理会计部负责工作小组的具体工作，且由各单位管理会计部部长担任全面预算管理领导小组秘书长一职，组织和管理全面预算管理工作小组的各项工作。

全面预算管理包含经营预算、资本预算、资金预算、财务预算四个部分。下属单位主要编制该单位内各业务板块的经营预算，同时编制资本预算、资金预算和财务预算。地勘企业总部除主要负责整体管理预算编制外，还需要重点编制与对外投资相关的预算。

前文已经提到，地勘企业实施全面预算管理控制原则方针，就是遵循“预算内适度放松，预算外审批严格”的方针。下达的预算指标是与业绩考核挂钩的硬性指标，一般情况不得突破。预算内支出，则按照相关财务管理制度规定的审批流程进行审批，送全面预算管理工作小组审核、登记。

所谓预算外资金，指的是由于责任部门预算控制不善，或计划性不强等自身管理原因，而导致需要突破预算的资金。其中不包括预算调整的资金。

预算外资金申请，须由责任部门根据业务的实际需要填写申请，该申请应该包括使用目的、使用的责任部门和责任人、使用目标、使用方式等。该申请经各下属单位全面预算管理领导小组审批通过后报全面预算管理委员会审批，经全面预算管理委员会审批通过后执行。同时，该责任部门的预算外资金需在总部备案。

预算考核体系是企业整体绩效考核体系的重要子系统，为整体绩效考核提供与预算相关的绩效信息。预算考核体系在整体绩效考核体系中所占比重，需要交由地勘企业总部绩效考核机构具体确定。全面预算考核的基本程序包括收集信息、确定差异、落实责任和确定并提交考核结果。

三、地勘企业财务规划二三点

为了办理地勘企业内部，以及下属公司的财务结算，每家地勘企业都会设置财务结算机构，专门进行现金收付和往来结算业务，这个机构一般叫作结算中心。结算中心通常设立于财务部门内，是一个独立运行的职能机构，它属于地勘企业总部体系内的一个服务机构，是资金集中管理与运作的职能部门。

结算中心需要在银行开设集中账户，各成员企业在此账户下向其他所在地商业银行以其企业实名开设两个账户，一个专用收款账户和一个付款账户，所有外部收款只能进专用收款账户，付款用付款账户，下属单位还可在结算中心开设虚拟账户，用于内部往来结算及内部计息。下面具体分析一下资金结算中心的具体职能。

计划职能

结算中心在掌握总部各成员企业的资金需求及流向的基础上，在资金的流量、流速、时间安排以及资金的平衡与调整等方面均做出详细的安排和计划。

结算职能

结算中心需要归集总部下属单位及各部门的银行结算账户并统一管理，将下属单位及部门视同为结算中心的客户，负责客户经济业务收支的日常结算工作，并计算各下属单位在结算中心的现金流入净额和相关的利息成本或利息收入。

调控职能

结算中心作为总部的资金调控监督中心，要根据总部的总体规划，充分发挥资金调控功能。对总部及参与结算中心结算的各成员单位的财务活动，尤其是对资金活动的流量与流向、时间的妥当与否、合理性与合法性等实施日常监督、调节与控制，严格控制不合理支出。

筹资职能

结算中心可以通过申请银行贷款、发行债券及股票的方式，统一对外筹资，满足地勘企业整个总部体系的资金需求。同时，接受客户贷款申请，通过对外筹资和调剂企业内部资金发放内部贷款，节省企业财务费用。

地勘企业总部通过建立结算中心，可以实现一定程度的资金统一集中管理，从而通过改善资金的运行机制，调整原有资金的分布方式，盘活存量资金，达到提高资金使用效率的目的。通过结算中心，地勘企业总部不仅可以实现资金的实时管理和控制，对资金实行有效的集中管理和控制，适当监控下属单位的资金运营，合理调配全企业的资金，最大限度地提高资金使用效率，而且可以增强在银行的融资能力，降低资金成本，从而有利于企业的发展，推动企业整体目标的实现。

再有就是地勘企业财务人员的外派制度。一般来说，地勘企业总部对下属业务单位的高级财务管理人员应执行总部委派制，并加强对财务人员的统一管理。

下属公司高级财务人员集中管理

下属单位财务总监可由企业总部统一委派，主要参与下属单位的财务管理工作，并对下属单位的经济运行结果负责。委派的财务总监个人利益与所在单位脱钩，其个人的薪酬和绩效工资由地勘企业总部发放，不在下属单位发放。

财务人员统一管理

地勘企业总部要不断加强总部及下属单位财务人员的培训考核机制，提高财务人员的管理水平。同时对财务人员实行系统管理，财务会计机构设置和职能范围由总部统一规划，并做好在职财务人员的培训和教育，加强财务人员执业资格管理。

第十一章

居安思危，不是危言耸听

一、把危机意识传递给员工

员工的危机意识一直是各个企业不断强调的问题，地勘企业也是如此。当员工选择了地勘企业，就意味着他选择了一种工作与生活方式，地勘企业管理者要让员工明确：接受这份工作，就等于接受了一份责任，在享受工作带来的利益的同时，也要给企业带来贡献。

如今，商业环境瞬息万变，不管是国企也好，私企也罢，如果不跟上现代企业的竞争潮流，就会被市场淘汰。

地勘企业的危机意识并非只针对企业经营者和领导人员。虽然地勘企业的经营者需要保持危机意识，带领企业克服困难走出困境，但最重要的是地勘企业的基层员工也要有同样的危机意识。如果整日只是捧着"铁饭碗"打打样、点点卯，那企业氛围就是应付了事，上面交代事，下面不做事，最后结果是一起被市场踢出局。

孟子曾言，"生于忧患，死于安乐"。意思是说，如果人不能时刻保持忧患意识就会自取灭亡，如果时时不敢松懈，那就能让自己生存下去。所以，企业管理者需要通过提升员工的危机感，使之深刻认识到自己的不足，认识到自己的薄弱环节，才能快速适应环境的变化。要知道，有危机并不可怕，可怕的是企业和员工没有危机意识。

让员工保持危机意识也是一种企业文化。

培养员工居安思危的危机意识，能增强企业的内部凝聚力。前文已经提到了，人的因素一直是企业最活跃的因素，只要通过危机意识培养出企业的凝聚力，企业就能在危机时刻上下合力渡过难关。

同时，危机意识还能帮助企业选拔出一些带有忠诚意识的员工，这些员工德才兼备，能做到与企业荣辱与共，帮助企业更上一层楼。

当然，增加员工的危机意识，还能帮助企业实现优胜劣汰。地勘企业管理者要让员工懂得，如果没有危机意识，即便是国企内也有被淘汰出局的危险。

在企业管理学中有一种效应被称作“鲇鱼效应”，下面我们来具体了解一下。

挪威人喜欢吃沙丁鱼，所以沙丁鱼在挪威的市场需求量很大。但沙丁鱼的生存条件很苛刻，在离开大海之后便难以存活。死掉的沙丁鱼味道不好，所以挪威市场上活沙丁鱼的价格又要比死鱼高很多。因此，渔民总是想方设法地让沙丁鱼活着回到渔港。

渔民虽然试了不少办法，但绝大部分沙丁鱼还会因窒息而死亡，只有一条渔船的沙丁鱼每次都是活蹦乱跳的。原来，船长将沙丁鱼的天敌鲇鱼放进了运输容器里。鲇鱼进入鱼槽后便四处游动，鲇鱼是食肉鱼，它会四处游动寻找沙丁鱼吃掉。为了躲避天敌，沙丁鱼们左冲右突，四处躲避，从而保持了旺盛的生命力。如此一来，沙丁鱼在抵达渔港时仍然是活蹦乱跳的。这就是著名的“鲇鱼效应”。

地勘企业的员工需要带着压力工作，要时刻保持危机感，要有一种“今天工作不努力，明天努力找工作”的意识。只有让员工们产生这样的意识，才能让他们主动学习，从“要我学”的氛围变成“我要学”，从“要我做”变为“我要做”，让员工将自己的前途，跟企业的前途放在一起，荣辱与共。

地勘企业应让员工树立起主人翁意识和竞争意识，保持踏实肯干、虚心好学的态度，保持工作的热情与主动性，避免被“鲇鱼”吃掉。

地勘企业只有营造出牢固的危机氛围，才能让员工们时刻保持竞争意识，时刻保持冷静清醒的竞争头脑，树立牢固的危机意识与忧患意识，在这样的理念下努力竞争，才能让企业在市场中立于不败之地。相反，如果员工不能树立起紧迫的危机意识，就会让企业的氛围变得松散，也会让企业面临被淘汰的危险。

其实，危机意识说到底就是竞争意识，竞争能让企业在困难中勇往直前，也能让员工在困难中知难而进、遇难而争。危机意识是一种超前意识，它能让企业预知危机并认识危机，做到未雨绸缪。企业只有怀抱着强烈的危机意识，才能根据形势应对挑战。

有危机不可怕，可怕的是没有危机意识。只有辩证地看待危机、处理危机，才能使企业走上健康的可持续发展道路，只有让所有员工都树立起牢固的危机意识，才能让企业运转得更加高效，才能促使企业和个人共同进步。

二、地勘企业危机意识的重要性

在市场竞争激烈的今天，为什么有些企业能做大做强，有些企业却只能被默默淘汰？归根结底，是因为那些被淘汰的企业的危机意识经不起考验。

我国有个成语叫“如履薄冰”，用在企业上就是强调企业要有危机意识。作为国企，地勘企业的员工自觉手里捧着“铁饭碗”，所以危机意识不够强烈。在上级发布任务时，也只是将工作做完了事，根本不愿再动脑思考。

这是地勘企业的现状，但却并非不可改变。当今时代是一个信息化传播飞速发展的时代，企业一旦遭遇危机，就会造成极大的破坏。然而，危机并非不可预测，只要企业做到未雨绸缪，就能临危不乱地处理危机。这也是现代企业为何越来越重视危机管理的原因。

地勘企业只要树立起危机意识，将企业内外因素进行整合，制定出适合企业自身发展的目标，就可以让企业在危机来临时做到目标明确，有章可循。

从古至今，无论是企业还是个人，甚至是一个国家或者民族，只要生存下来，就意味着他们带有明显的“忧患”意识。温水煮青蛙的故事大家都听过，如果只沉迷于安乐，就会自取灭亡。因此，这种“忧患”意识在企业生存中尤为重要。

过去，相较于其他类型的企业，地勘企业的竞争相对没有那么激烈，但随着经济社会发展、国际化进程的加快和矿业行业的低迷、传统地勘市场的萎缩，地勘企业也开始生出了“忧患意识”。对地勘企业来说，这种危机意识主要体现在以下几个方面。

1. 人才危机

前面我们已经提到，21 世纪人才不能缺，人才是当今社会最珍贵的资源之一，也是企业生存与发展的根本，是社会发展的原动力。但大部分企业在发展过程中都会遇到以下两种情况：

（1）企业发展迅速，人才资源无法跟上。这会造成企业的关键岗位人才缺失，阻碍企业发展。

（2）人才发展速度过快，经济发展相对缓慢。这会造成短期内专业人才过剩的局面，如果“瓶颈”期太长，就会造成人才流失。

2. 财务危机

现代企业对财务管理的要求越来越严格，毕竟财务管理掌握着企业的现金流，控制着企业的收入与支出平衡。财务关系到企业的命脉，如果财务出现危机，企业就会陷入极大的风险中。因此，企业需要制定财务预警系统，对现金流有一个良好的认知与掌控。

3. 管理水平危机

如果在管理层面出现危机，就会造成高管拿高薪不作为，员工工作敷衍了事，企业凝聚力极为松散等情况。因此，管理是企业的重中之重，会影响到企业能否全面发展。

4. 企业缺乏核心竞争力的危机

地勘企业虽没有严重缺乏核心竞争力，但却还是存在对企业长远和可持续发展构成威胁的隐患。

为了能更好地控制危机，地勘企业可从以下五方面着手：

（1）在企业内部树立起强烈的危机意识，在创建企业文化时注意将危机意识融入其中；

（2）在企业内部建立起一系列预防、确认、控制、解决、转化危机的相应机制，如建立起检测危机的预警管理系统等；

（3）在企业内部成立危机管理小组；

（4）在企业内部制订一套切实可行的危机管理计划；

（5）危机管理的控制与改进。

其实，关于危机意识的重要性不必多言，因为有危机意识才能更加清晰地认识自己，才能更加客观地看清竞争对手，才能不断学习，不断引进先进的管理方法完善自己。有危机意识才能更好地管理员工，更好地创新研发，不断开拓市场，打造新的经济增长点。

有效的组织不但要强调“反应能力”，还要强调“超前管理”。如果地勘企业只是满足眼前的现状，而看不到潜伏的危机，最后的结果就只能是昙花一现，被市场淘汰。

三、地勘企业危机管理的目的与流程

企业的危机管理，指的是为了应对各种危机的出现，企业提前制定的一系列决策、方案和员工训练等活动的管理。进行危机管理的意义，就是让企业尽量避免因危机造成的损失，在危机到来时可以缓解矛盾，甚至变害为利。

（一）危机管理原则

1. 制度化原则

很多时候，危机的发生是难以预测的，其往往表现为一些突发事件，这些突发事件会在很短时间里对企业造成恶劣影响。为了应对这些突发事件，企业内部应该形成一套制度化、系统化的危机管理机制。

这套危机管理机制虽然在企业正常运转时起不到太大作用，但是在发生危机时，却会及时启动，在危机处理中发挥重要作用。一些规模较大的公司，都有非常完备的危机管理机制，这也是危机事件对这些企业影响较小的原因。

制度化的危机管理机制能够在发生危机时，让企业快速采取措施，所有工作也能够井然有序地展开。因此，企业在建立危机管理机制的时候，一定要将危机管理机制制度化。

2. 诚信形象原则

诚信是企业的生命线，危机的发生大多都会影响到企业的诚信形象，严重的甚至会影响到企业的生存，对提供地质勘探和工程施工为主的地勘企业来说更是如此。企业危机管理的一项重要任务就是维护和塑造企业形象，因此，在危机管理过程中，企业要努力减少诚信形象的损失，在采取具体措施时，一定要努力维护自身的诚信形象。

3. 信息应用原则

随着信息技术的不断发展，企业危机管理也开始更多依靠于良好的危机管理信息系统。通过管理信息系统，企业能够更迅速、更准确地获取信息资料，为危机管理工作提供必要的支持。

作为由传统事业单位改革而来的地勘企业，在进行危机管理工作时，必须要建立起高度灵敏而又准确的信息检测系统，随时收集各方面的信息，及时分析处理。这样才能够将风险隐患消灭，起到预防危机的作用。

4. 预防原则

企业危机管理工作要求“防患于未然”，预防危机也是企业危机管理的重点。为此建立一套规范的危机管理预警机制是十分必要的。

5. 重视与参与原则

地勘企业管理者应该积极参与和领导企业危机管理工作，这是一种有效解决危机的重要举措。危机处理工作往往会涉及企业中的各个部门，同时还需要与多方协调，在企业中只有管理者能够进行统一指挥和协调。这样企业危机管理工作才能协调一致、平稳进行。在很多危机管理事例中，企业管理者不重视、少参与，成为危机管理工作失败的一个重要原因。

6. 快速反应原则

危机事件的发生往往都很突然，其蔓延的速度却又异常迅速，这便对企业危机管理工作造成了不小的困难。在面对危机事件时，应对速度影响着危机事件最终的解决效果。在进行危机管理工作时，一定要沉着冷静，第一时间查清楚原因，找到危机的根源。同时企业还需要以最快的速度启动危机应对计划，并迅速制定出相应的对策。

7. 沟通原则

沟通是企业危机管理中的重要内容。在危机管理工作中，企业需要与员工、媒体、政府、消费者等众多利益相关者进行沟通。沟通能够有效消除危机给企业带来的负面影响，因此，企业应该树立起沟通意识，在危机事件处理过程中，及时与利益相关者进行沟通，将事件真相及时告知公众，争取获得社会舆论的谅解与支持。

（二）危机管理目的

1. 预防危机

预防危机是危机管理的首要目的，预防和控制可以说是成本最低，也最简便的一种危机管理方法。企业在危机管理过程中，应该收集和整理所有可能出现的风险，同时还要广泛征求各方意见，对一些可能导致危机的原因进行排除。企业危机管理就是要为企业避免危机。

2. 控制危机

控制危机主要是指建立应对危机的部门，并制定相应的危机管理制度、流程和计划，从而确保在危机发生时能够从容应对，将危机控制在尽量小的范围内。

3. 解决危机

解决危机主要指通过危机公关手段来阻止并消除危机。具体来说就是按照危机管理的计划和流程，来进行危机处理。

4. 在危机中恢复

危机会给企业带来一些不可预知的不良影响，企业危机管理就是为了恢复和重塑企业形象而存在的。

5. 在危机中发展

危机管理最重要的一个环节就是危机总结，总结在危机中得到的经验和教训，可以更好地推动企业的发展。很多时候，危机对于一个企业来说，并不一定是坏事，只要处理得当，并能从中总结经验和教训，就能够在其中找到促进企业发展的机会。

6. 实现企业的社会责任

高效的企业危机管理，还能够促进社会的安定与进步。如果企业危机管理能力不足，危机处理不当，也可能会对社会造成负担，影响社会的安定与祥和。

（三）危机管理流程

根据危机事件的发展过程，我们可以将危机管理工作分为三个不同阶段。

1. 危机防范阶段

在危机防范阶段，地勘企业经营者主要需要做好以下几方面的工作：

（1）组建企业危机管理应对小组。

（2）观察危机发生前兆，分析危机影响程度。

（3）高度重视危机事件，预先制定科学周密的危机应对策略。

（4）进行危机管理训练，提高危机事件应对能力。

2. 危机处理阶段

在危机处理阶段，地勘企业经营者主要需要做好以下几方面的工作：

（1）在危机发生后，立即采取有效措施，隔离危机，阻止事态继续发展，并迅速找出危机发生的原因。

（2）迅速启动危机应对策略，防止事态扩大。

（3）将公众利益放在首位，努力维护企业形象，获取长远利益。

（4）在危机应对策略开展过程中，要随机应变，针对具体问题，随时提出修正措施，应对危机蔓延。

3. 危机总结阶段

在危机总结阶段，地勘企业经营者主要需要按照以下几个步骤开展工作：

（1）调查：迅速对危机发生的原因和相关预防、处理措施进行系统调查。

（2）评价：对危机管理工作进行全面评价，详细罗列危机管理工作中出现的各种问题。

（3）整改：针对危机管理工作中出现的问题，进行归类汇总，提出整改措施。

第十二章

地勘企业经营绩效考核管理

一、企业经营者绩效考核的意义

著名经济学家亚当·斯密在《国富论》中提到，“当企业经营者是非资产所有者时，他们就不会像照看自己钱财一样警觉，因为企业经营者手中的资金，大部分是别人投资或入股的钱财。在这种情况下，他们就很容易玩忽职守，也容易随意挥霍”。

正因如此，在国家充当出资人的国有企业中，经营者的业绩考核管理也要严抓，这样才能确保国有资产保值增值。

国有企业在我国国民经济发展中占主导地位，而国有企业的经营者又对国有企业具有导向作用。目前，我国绝大部分国有企业都有一套针对员工的绩效考核措施，但在经营者绩效考核方面，大部分国有企业都做得不尽如人意，地勘企业也是如此。

客观评价国有企业经营者的管理贡献，其实是保证国企收入分配合理性的前提。关于地勘企业经营者的业绩评价问题，其实是整个企业经济体系中的核心问题之一。在国有企业中，经营者会通过自身知识储备、能力、经验、人际关系甚至是个人性格和心理因素等，给企业带来一系列影响。经营者会通过以上几点，对企业内部的资源进行调动，这直接影响了企业的生存发展。如果经营者是积极正面的，那企业就会对社会有正能量贡献，实现经济与社会双重发展；如果经营者是消极负面的，那企业就会从各个层面展现出负面作用。

对地勘企业经营者进行绩效考核的目的，是通过一系列具体的手段，进行一场相对公平全面的考察。这就意味着，地勘企业一定要建立一套科学合理、行之有效的全过程考核管理体系。这套考核管理体系要具有长效性，要让考核内容与经营者的经营内容相一致，要让经营者能够按照绩效考核管理的轨迹，逐步实现企业目标。

国家作为国有地勘企业这类经济体的出资人，需要通过经营者绩效考核管理来保证投入资产价值的最大化，同时还要促使企业负责人能在社会责任方面完成自己的任务。这样一来，建立一套兼备激励措施和监督手段，却又不会过分干预经营者发挥作用的绩效考核制度，就成了地勘企业亟待解决的事情。

坚持对国有企业经营者监管是大势所趋。各个国有企业的职能不一，职责也不相同。根据具体情况，国有企业可以分成商业一类、商业二类和公益类三大类。公益类企业很好理解，就是以社会效益为导向，以保障民生、服务经济社会发展、提供公共产品和公共服务为主要目标，坚持社会效益优先兼顾经济效益的企业。而商业一类企业，指的是能够参与市场竞争，并以企业经济效益为主要目标的企业；商业二类企业，则是以创新为导向，根据政府确定的战略目标，承担重大专项任务或者实现特定功能，以实现政府在调节经济结构、加快产业转型、推进城市建设等方面的战略意图，同时兼顾经济效益和社会效益的企业。

地勘企业是国有企业中典型的公益类企业。

这就要求在进行地勘企业经营者绩效考核时，要注意经营者是否能突出主业发展，提升企业核心竞争力；是否能兼顾长短目标，合理谋划企业战略；是否能落实运管责任，夯实企业发展基础；是否能强化对标管理，确保效益平稳较快增长；是否能规范收入分配完善激励约束机制。

笔者认为，在进行地勘企业经营者业绩考核时，要将年度考核与任期考核进行科学合理的结合，要将企业发展战略变成任期考核指标。

对企业负责人的绩效考核，指的并不是考察其短期盈利能力，因为考核工作本就不是一项短期工作。我们要将企业的近期利益与长远目标相结合，同时用长远的目光进行考核工作。

在进行考核工作时，要在设置经济效益指标外，继续设置管理绩效和约束性指标。这样才能对企业的可持续发展力进行考核。约束性指标主要是考察经营者是否能做到勤政、廉政，能否对企业风险进行管控与防范，对社会的服务质量与保障能力是否足够等。

强化对标管理，就是倡导地勘企业经营者要做到“纵向比，要比过去的自己有所提高；横向比，要在同行业保持领先地位”。

在所有考核中，收入分配与奖惩激励自然是最重要的组成部分，这二者是相辅相成的。在这一方面，要保证“业绩上、薪酬上，业绩下、薪酬下”的运作原则，同时将企业经营者的年薪与企业效益挂钩，不断完善绩效考核管理措施。只有这样，才能不断提升地勘企业的软实力，从而发挥对地勘企业经营者进行绩效考核管理的意义。

持续深入完善地勘企业经营者业绩考核是履行出资人职责的重要内容，也是不断创新、持续发展的动力源泉。对地勘企业实施科学合理的考核，有助于克服当前我国市场化进程中不断滋长的逐利冲动给企业发展和社会进步带来的负面影响，有利于国有资本价值最大化和国企科学健康发展目标的实现。

二、地勘企业管理层考核内容

地勘企业也好，普通私企也罢，高层管理人员都是保证企业运营发展的关键人物。能否对高管理层人员进行公正合理的绩效评价，不仅影响着其工作积极性的发挥，还会影响到企业的正常运营和长远发展。

地勘企业高层管理人员的绩效，可以从部门的运营状况上得到反映，但与对一般员工的绩效考核一样，部门或企业运营的结果并不是高层管理者个人工作绩效的全面反映。所以针对高层管理人员，制定一套独有的绩效指标是十分有必要的。

随着现代企业间竞争的不断加剧，越来越多的企业开始意识到绩效管理的重要性，纷纷开始探索适合自身的绩效管理模式。但大多数企业对高层的管理人员的考核，只是对一些简单指标的粗略考核。其实，比起对普通基层员工的考核，地勘企业应该更加重视对高层管理人员的考核。作为地勘企业的掌舵者们，其是否具有卓越的领导能力，是否能够及时做出正确决策，是否能够凝聚起整个企业，都决定着企业在市场竞争中的生死存亡。

地勘企业的高层管理人员在经营管理方面是否达到相应的指标要求，关系着地勘企业全体职工的共同利益。高层管理人员如果出色地完成绩效指标，将会为地勘企业创造丰厚的利润，企业职工的福利待遇也会相应提高。如果高层管理者没有办法完成自身的业绩指标，地勘企业就会面临亏损的风险，企业职工的利益也将受到影响。

正是由于其在地勘企业中扮演着如此重要的角色，高层管理人员在企业的绩效考核体系中也应该承担更多的责任，这也就意味着相比于普通员工，高层管理人员所面临的绩效考核标准要更加严格。

除了考核标准的严格外，高层管理人员还肩负着引导企业绩效管理方向的责任，他们不仅需要在绩效考核时做出表率，还需要协调各方面的力量，保证绩效考核工作顺利圆满地完成。

和对员工的绩效考核一样，对高层管理人员的绩效考核同样能够提升高层管理人员的工作能力，促进其未来的职业发展，当然，也能够更好地实现地勘企业的战略发展目标。不同于对普通员工的绩效考核标准，对高层管理人员进行绩效考核时，应该着重考核以下几个方面的内容。

1. 绩效评价与地勘企业发展战略挂钩

虽说地勘企业的高层管理人员是企业战略目标的首要践行者，但作为个人，高层管理人员同样有自己的战略追求。

在制定绩效考核标准时，应该让高层管理人员将地勘企业的发展战略和个人的追求结合在一起，通过实现企业的战略目标来获取自身的利益目标。所以，对高层管理人员的绩效评价指标一定要与企业的战略目标相契合，这是制定绩效考核标准的一个关键。

2. 长短期评价指标相结合

无论是普通员工的绩效考核标准，还是高层管理人员的绩效考核标准，都需要将长期和短期的绩效指标相结合。虽然企业追求的是长期利益的最大化，但短期的利益同样不可忽视。作为长期利益的基础和前提，企业短期利益的实现将会推动企业长期利益的获得。

在对地勘企业高层管理者进行绩效考核时，不能仅仅从短期指标来妄下结论，应该将一段时期内的长期指标和短期指标相结合，然后综合做出绩效评定，这样才能够保证绩效考核的准确性。

在制定高层管理人员绩效考核标准时，还要加入其他各种综合指标的评定。财务指标是一个重要的指标，但却不是决定性指标，毕竟一家企业想要真正发展壮大，并不是仅仅依靠经济实力来决定的。

3. 绩效考核的公正性

公正性贯穿绩效考核工作的始终，不仅普通员工要求绩效考核的公平，高层管理人员同样需要公平的绩效考核制度。

与普通员工一样，地勘企业的高层管理人员的工作绩效同样会受到个人工作能力和外部客观条件的影响。很多时候，高层管理人员面临的外部影响要比普通员工更加严重。

从团队角度来考虑，地勘企业的高层管理人员也是团队中的一部分，虽然在团队中发挥着重要作用，但想要完成企业发展的战略目标，还是需要整个团队的共同努力。如果单纯地从工作结果来进行评价，可能会挫伤高层管理人员的工作积极性，影响到后续工作的开展。

高层管理人员依靠自身的知识、能力和工作经验，来合理调配各种资源，从而为企业的发展铺路垫砖，对企业的生存发展产生重要影响。对高层管理人员的业绩水平进行考核，也是绩效考核的一个重点所在。

除了对业绩水平进行评价之外，高层管理人员的个人品质也是绩效考核的一个重点所在。与普通员工不同，高层管理人员的个人品质和经营理念对企业文化的形成起到了重要作用，甚至会影响到全体员工的价值观念。因此，想要让地勘企业成为一个具有强大生命力和凝聚力的企业，就需要企业的高层管理人员具有独特的人格魅力，从而将地勘企业的员工们紧紧地凝聚在一起。

除了影响企业文化的形成，高层管理人员的个人精神品质也是企业的灵魂，更是企业发展变革的源泉。在企业内部，高层管理者是企业发展的核心所在；在企业外部，他们则代表着整个企业，举手投足之间展现的都是企业的风采。尤其在现代企业发展中，舆论和人心的力量有多大，不用描述大家也都心知肚明。

由此可见，高素质的企业管理人员对于地勘企业的发展是至关重要的。地勘企业高层管理者的工作态度和个人品质也是绩效考核工作中必不可少的一个环节。

三、地勘企业经营者业绩考核管理方法

所谓绩效考核，其重点是在“绩效”，而不是在“考核”。地勘企业在制定绩效考核标准的时候，目的是提高企业的经营绩效水平，而不是单纯为了考核而进行考核。地勘企业为了提高员工的绩效考核成绩，需要管理层明确绩效考核的目的在于提高员工的工作效率，让员工们为企业创造更高的价值。当然，地勘企业考核对象不仅是员工，作为地勘企业的经营者，更应该接受经营业绩的考核。

为了进一步引导地勘企业树立“以市场为导向，以客户为中心，以科技创新为引领”的理念，提高经济发展质量，增强价值创造能力，推动地勘企业“做强做优做大”，实现健康、可持续、跨越式发展，地勘企业需要制定一套企业负责人年度经营业绩考核办法，而为了更好地推进考核工作，遵循一系列的原则又是必不可少的。

首先，地勘企业负责人应当坚持依法依规。严格执行国家有关法律法规，按照权利、义务、责任相统一的要求，建立健全依法合规经营、可追溯的资产经营责任制。

其次，地勘企业负责人应当坚持市场化改革方向。按照地勘企业制定的总体发展战略，实施计划工程，结合各企业的功能、定位、作用和特点，实行有针对性和有效的分类考核。

最后，地勘企业负责人应当坚持与激励约束紧密结合。建立与企业负责人选任方式相匹配、与企业功能定位相适应、与经营业绩紧密挂钩的差异化激励约束机制。

下面我们以国内某煤炭地勘企业为例，来尝试具体解读一下地勘企业年度经营业绩考核指标。

先看基本指标和权重。通常情况下，考核指标是由利润总额、经济增加值、经营收入、在岗职工人均工资、成本费用总额占营业收入比重、地质立项与设计质量指标和科技创新收入这七个方面构成，而经济增加值是指经核定的税后净营业利润减去资本成本后的余额。在此，我们来重点看一下科技创新收入在企业经营业绩考核中的重要性。

科技创新收入，是综合反映企业科技创新与转化能力的一项收入，其具体包括企业“四技收入”与企业承担省部级以上项目（课题）到款额之和。

“四技收入”，指的是技术开发收入、技术转让收入、技术咨询收入及技术服务收入。这四类收入的认定标准是：签订合同名称应含有“技术开发”或“技术转让”“技术贸易合同”等字样，按财税〔2016〕36号文规定需要到所在地省级科技主管部门进行认定。

技术开发：指开发者接受他人委托，就新技术、新产品、新工艺或者新材料及其系统进行研究开发的业务活动。

技术转让：指转让者将其拥有的专利和非专利技术的所有权或使用权有偿转让他人的业务活动。

技术咨询：指就特定技术项目提供可行性论证、技术预测、专题技术调查、分析评价报告等。

技术服务：包括合同能源管理服务，指节能服务公司与用能单位以契约形式约定节能目标，节能服务公司提供必要的服务，用能单位以节能效果支付节能服务公司投入及其合理报酬的业务活动；工程勘查勘探服务，指在采矿、工程施工前后，对地形、地质构造、地下资源蕴藏情况进行实地调查的业务活动；专业技术服务，指气象服务、地震服务、海洋服务、测绘服务、城市规划、环境与生态监测服务等专项技术服务。

根据以上经营业绩考核内容，地勘企业应该对企业经营者进行年度的动态监控，同时根据企业负责人年度经营业绩考核目标的完成情况，具体形成考核与奖惩意见。为了更公平地体现考核成果，企业负责人在考核结果存在异议时，也可及时向地勘企业总部反映。

四、地勘企业经营业绩考核奖惩制度管理

为了激励地勘企业经营者，令其在第二年的经营业绩考核中更好地表现，制定一套经营业绩考核奖惩制度是必不可少的。

地勘企业经营业绩考核计分方式可以采用综合计分方法、基本指标计分、分类指标计分、奖励加分、考核扣分和业绩考核系数这六种考核计分方式。其中，综合计分方法的公式为：

年度经营业绩考核的综合得分＝(基本指标得分+分类指标得分)×业绩考核系数+奖励加分−考核扣分

各项指标得分以基本分为基础，根据目标值完成情况计算得出：

基本分＝指标权重×100

加减分精确到小数点后2位（以下指标计分方式相同）。满分为基本分的120%，扣分最多扣至基本分的80%。

而基本指标计分则可细分为利润总额计分、经济增加值计分、经营收入计分、在岗职工人均工资计分和成本费用总额占营业收入比重指标基本分。在分类指标计分中，可具体分为：地质立项与设计质量指标；科技创新收入增长率指标；资产负债率；百万利润企业比重等。同时，对于取得重要成绩的经营者，企业也要给予适当的奖励加分。比如，取得重大科技创新成果、承担重大专项任务和社会参与做出突出贡献的。

所谓奖惩措施，就是在正面激励的同时，也要做好负面激励的管

理。比如：①企业发生责任死亡生产安全事故或造成直接经济损失达10万元（含10万元）以上的其他事故、重大及以上突发环保事件的，按照相关规定进行处理。②企业存在重大违法违规违纪行为、违反决策程序或者因自身原因发生重大法律纠纷案件，经认定造成重大损失的。③对标考核综合得分在所有经营单位中排后3位的。④未实现专利目标和丢失重要资质的。⑤发生泄密事件的。⑥未完成上级部门实施的专项工作的，等等，在此不一一赘述。

根据企业负责人经营业绩考核得分，年度经营业绩考核结果分为A、B、C、D四个级别。

具体的经营业绩考核制度，因各地勘企业的发展战略及目标的不同，会有不同的权重及考核指标，在此不再多述。总而言之，完善地勘企业的奖惩制度管理，就可以在企业内形成一种良性竞争的氛围，总部也可以根据地勘企业的年度经营业绩考核结果，对相关企业负责人实行奖惩任免。

第十三章

地勘企业内部日常办公标准化

一、地勘企业会议主要类型

会议是构建企业管理的关键一环，尤其对地勘企业这样的国企来说，会议更是必不可少的重要沟通手段。

由于地勘企业以往的历史原因，内部体系较为庞大，因此，其会议的类型也比普通民营企业的会议类型更多。按照会议内容划分，可将地勘企业会议分成十类，这十类会议分别是企业年会、专业会议、论坛、座谈会、讲座、研讨会、专题研讨会、公开讨论会、培训性会议、奖励会议。

可以说，企业年会是地勘企业最基本的会议之一。年会目的是就某一特定的主题，号召地勘企业上下所有员工开展讨论。年会上的议题涉及范围较广，如经济、科学、技术等领域。通常情况下，年会包括一次集体性会议，以及若干个小组会议。年会是企业周期性会议，最常见的周期为一年一次。年会的规模较大，参加年会的人员较多，需要根据各地勘企业的具体情况，租用大型宴会厅，或使用内部大会议厅，而小组会议则可选用小会议室等。

专业会议是技术型企业最常召开的会议，这种会议规模可大可小，需要按参会人数确定。专业会议通常是为了解决某个具体问题，因此对安排、服务、场地等并无硬性要求。

论坛会议的特点是反复讨论，通常会请企业的部门高管担任主持。论坛会议可以有很多听众，也可以有某些特定的小组。小组成员和听众可以就主持人抛出的问题发表各自的意见和看法。在召开论坛会议时，相关人员需要做好会前准备，如准备多个话筒等。

座谈会是一种相对正式的企业会议。座谈会与普通会议相同，无论是个人参加，还是以小组为单位参加，其方法都是通过陈述和演讲，将自己的意见和想法表达出来。座谈会也需要一些预定好的听众，如公司的员工等。

讲座是比座谈会更加正式的会议，讲座的组织性也更强。通常情况下，企业会请地勘领域内的某位专家进行演讲，也会设置观众的提问环节。讲座的规模可大可小，具体需要依据地勘企业的需求决定。

研讨会又被称作专家讨论会，以讨论会的形式召开会议，通常能为参会者提供平等交换意见的机会，也能将企业的知识和经验广泛分享给参会者。研讨会通常规模较小，但也很容易变成规模较大的专题研讨会。

专题研讨会指的是专门处理特殊问题，或专门进行特殊任务分配的一般性小组会议。参加专题研讨会的人员通常具备较高的专业技能技巧，也希望在专题研讨会上互相学习，分享新的知识与技能。

公开讨论会顾名思义，是就某一类问题进行公开讨论的会议。公开讨论会需要两位以上的参会者提出观点，并与小组成员或观众一起进行公开讨论。一般来说，公开讨论会是大型会议的一部分。

培训性会议多见于大中型企业，会议周期短则一到三天，多则一周至三月。此类培训型会议需要特定的场所，且培训内容需要高度集中，主导会议的通常为某个领域的专业教授。

奖励会议是公司为了对员工的出色工作表现进行表彰或奖励，而特别召开的会议。此类会议通常规模较小，人员集中，且持续时间较短。

二、地勘企业会议通知类型

对地勘企业来说，不同的会议规模、不同的会议内容需要制定不同的会议通知，具体来说，地勘企业的会议通知类型主要有汇报型会议通知、告知型会议通知、表格型会议通知和邀请函型会议通知，下面我们就来具体解读一下：

汇报型会议通知：

××省地勘企业关于召开物资工作会议的通知

直属××省地勘企业的各厂、院：

为了贯彻全国经济工作会议精神，总部决定于4月15日召开××省地勘企业第2年度物资工作会议。现将有关事项通知如下：

一、会议时间：2018年4月15日至19日，会期5天，4月14日晚七点前报到。

二、会议地点：××宾馆（××省××区××路×××号）。

三、会议内容：

1. 贯彻我国经济工作会议精神，贯彻××省地勘企业总部第6次会议精神，以及贯彻固定资产投资工作会议精神。

2. 总结2017年物资供应工作经验，进行经验交流和表彰奖励。

3. 部署2018年物资供应工作。

四、参加会议的人员名单见附表。不能参会的人员，请于4月8日前报到地勘企业经理部。

五、4月14日报到当天，企业在××机场进行全天接站。乘坐火车的人员，凭传真、电话接站。参会人员请于4月5日前，将到达日期及所乘车次、航班告知企业经理部。

六、请各单位按会议内容做好以下准备：

1. 本单位贯彻落实××省地勘企业总部实行统一组织订货的做法、经验、体会；

2. 对进一步深化物资流通体制改革的意见和建议；

3. 本单位2018年物资需求计划。

七、联系人：蔡某帅

联系电话：13××××××××××

传真：×××××××××××

（××省地勘企业总部印章）

2018年3月10日

不同类型的会议，对参会人员有不同的需求。有的会议在开始前，需要相关人员准备汇报的材料。对于此类汇报会议的通知工作，应当提前对参会人员进行通知，要求企业与会代表准备汇报材料，给会议参加人员留有充足的准备时间，才能提高汇报会议的质量。

比如，例子中的《××省地勘企业关于召开物资工作会议的通知》，其成文时间是2018年3月10日，距离4月15日的会议召开，准备时间是绰绰有余的。

此外，这份通知的正文部分交代了会议组织者、开会原因、开会场地、开会时间等。这份通知还具体到了会议时间和报到日期、会议内容、参会人员名单、接站安排、应准备的汇报资料内容、联系人、联系电话和传真等。

例子中的通知属于复杂性会议通知。这份通知的正文在400字上下，文字简练、内容全面、条理清晰。而且，这份通知中几个时限的确定也都是有讲究的。

2018年3月10日发文，距开会有37天，其时间、空间都足够相关人员做足准备。通知要求4月8日前确定人员，此日期距发文29天，距开会8天。这个时间不仅能让与会人员有足够时间确定参会与否，还能让行政人员有时间做好调配酒店、车票、机票、接站车辆等会务安排。通知要求参会人员在4月5日前，将到达日期及所乘车次、航班上报。这个日期距开会10天，是为了防止各个人员因事不能参加，导致临时生变。

从会议通知看，参会人员是来自各分公司和子公司的代表，会议组织者需要调配足够数量的车辆、司机、秘书、接待等。提前把事情确定好，才能让会议顺利召开。

告知型会议通知：

关于召开2019年矿业产品订货会函告

各用户单位：

我企计划于2018年12月，在珠海召开2019年矿业产品订货会。为保证会议顺利实施，现将有关事项函告如下：

一、会议时间：2018年12月15日至18日，会期4天。12月14日报到。

二、会议地点：珠海××宾馆（珠海市××区×××东路××号）。

三、参会名额：因会议场所与住宿条件有限，各参会单位选派的会议代表名额以不超过2人为限，请勿超员。参会人员名单请于12月5日前，以电子邮件或传真方式发送到我企供销经理办公室。

四、接站安排：会议代表请在12月10日前，告知我企供销经理办公室到达珠海的日期及所乘车次、航班。12月14日当天，珠海机场全天接站。乘坐其他时间航班以及火车的则凭电子邮件、传真或电话通知接站。

五、资料准备：请各单位参加会议代表提前做好相关准备。如有可能，请将贵单位2019年计划需我公司供应的产品种类、数量明细表，与贵单位参会人员名单一并发至我企，抑或通过普通邮件寄送至我企供销经理办公室，以便我企及早做好产品供应平衡工作。

六、联系方式：

1. 联系人：王某君

2. 电话：18×××××××

3. 传真：×××××××××

4. E-mail：××××××××××@163. com. cn

5. 邮编：××××××

6. 地址：××市××区兴华路××号××省地勘企业矿业产品供销经理办公室

（××省地勘企业印章）

2018 年 11 月 1 日

这份通知正文部分的“通知缘由”“通知事项”以及“执行要求”写得非常细致全面，通知的拟稿者为参会者和会议组织者思虑甚为周全。

值得一提的是，根据国务院发布的《国家行政机关公文处理办法》第一章总则第二条定义：

行政机关的公文（包括电报），是行政机关在行政管理过程中形成的具有法定效力和规范体式的文书，是依法行政和进行公务活动的重要工具。适用于批转下级机关的公文，转发上级机关和不相隶属机关的公文，传达要求下级机关办理和需要有关单位周知或者执行的事项、任免人员。

根据相关规定，“通知”为法定公文中的一种。例子中的××省地勘企业，和其用户单位之间并不是隶属关系。因此，××省地勘企业没有权力对用户单位发送任何类型的通知。

既然彼此不属上下级关系，就只能用“适用于不相隶属机关之间商洽工作，询问和答复问题，请求批准和答复审批事项”的“函”告知有关事宜。

因此，通知的标题“关于召开 2019 年矿业产品订货会函告”是十分恰当的。此外，例子中的通知多次用到“请”“贵单位”等敬辞，这样既凸显出双方的平等关系，也符合“函告”这一文种的特殊要求。

表格型会议通知：

地勘企业领导班子中心组学习通知

定于2019年2月28日进行地勘企业领导班子中心组学习，具体事项通知如下：

一、学习时间：2月28日（星期六）上午9：00

二、学习地点：公司大楼3302会议室

三、主持人：李某涵

四、参加人员：全体公司领导

五、列席人员：组织部、宣传部、公司纪委、党办负责人

六、学习内容：

1. 领导人在中央纪委第三次全体会议上的讲话

2. 王某力在集团公司纪检监察工作会议上的讲话

××省地勘企业办

2019年2月26日

格式固定、出手快捷的表格式会议通知是很多单位都青睐的通知方式。

其中，“学习地点”“主持人”“参会人员”“列席人员”都是不必修改的内容。“学习时间”中的年、月、日、时、分等时间单位也不必改变，在书写表格式通知时，书写人员只需要改变月份、日期、星期、上下午和钟点数即可。在整个表格中，只有“学习内容”需要根据不同的要求具体书写。表格式通知印好后，只需填上落款即可发送。

表格化会议通知的优点是书写简单，即填即成，接到通知的人也能一目了然。表格式通知效率高、效果好，极大地减轻了秘书工作的劳动强度，也是企业内部经常使用的通知之一。

此外，会议通知如果以邀请函形式出现，实际上也是对会议起“通知”作用，但这种邀请函比告知通知的内容简单，其标题也省略了发文机关名称，同时对通知的事情与内容也做了简化。这种通知是明确的

"函"式通知。

邀请函的正文拟写容易，简单明了，能把复杂的会议通知变为简单的函式通知，这类通知也为探索公文制作模式的人员提供了有益的启示。

三、地勘企业会议事务相关注意事项

在会前准备阶段，除去需严格制发会议通知外，还需提前前往会议接待现场了解用餐、用房及大小会场情况，根据会议性质提前布置好会场座次。同时在确定参会人员的基础上，印制会议手册，并在会议开始前和会议文件一起发至参会代表手中。

一切准备就绪后，一般在会议召开的前一天，需安排好接站、引导、报到、签到等工作，根据实际到达人数确定会议用餐的具体细节问题，如需进行大型会议宴会，则还要确定相关标准及席次安排。会议过程中应做好会议记录，检查分组讨论会场情况，落实好会议期间的其他安排。

会议结束后，应做好送站车辆安排，检查会场与房间，防止文件和物品的遗忘。最后还要进行会议文件的收集、立卷和归档，保存会议档案以备查找，并为今后组织会议提供参考。同时还应做好会议精神的传达落实，根据需要联系媒体开展相关宣传工作。

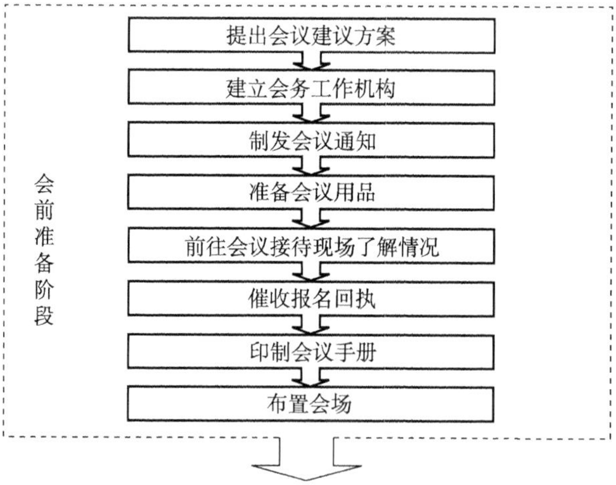

图 13-1　综合类会议会务工作流程图

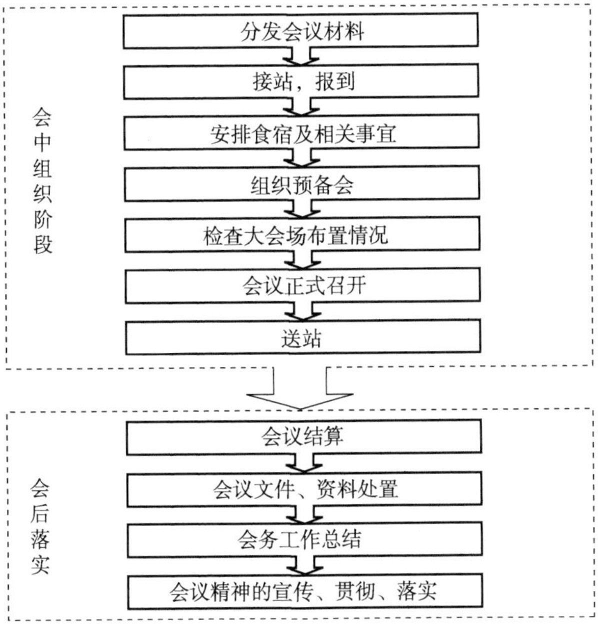

图 13-1　综合类会议会务工作流程图（续）

四、地勘企业公文管理规定

所谓企业公文，指的是企业内部及与其他组织之间，为了处理组织内外事务而形成的各种来往记录文本。

公文管理规定可以说是让地勘企业不断进步的敦促者，其目的也是让地勘企业的公文处理工作规范化、制度化。各地勘企业需要结合自己的实际情况，来制定适合自身发展的公文管理规定。

通常情况下，企业使用的公文有以下几类：批复、通报、决定、会议纪要、规定、工作志、章程、条例、公告、工作简报、大事记、请示、函、通知、通告、报告、决议、制度。在公文格式上，可把企业的公文分成四大类，即红头文件、内部通告、会议纪要、工作报告。

红头文件的适用范围主要是印发制度与规定，它是负责重要工作计划机构与人事异动等的重要文件。所有的红头文件都必须分发单位领导。单位除办公室（办公厅）、党委办公室（党委办公厅）以外的其他部门不得印发红头文件。

内部通告的适用范围主要是企业内部的日常事务性工作，或者企业内部工作联络的公司及部门一般性文件。

会议纪要的适用范围主要是记录公司或部门经营，以及重要的工作内容及决议的文本。

工作报告的主要适用于下级机构向上级机构的定期汇报。下级机构会将工作情况与工作计划向上级机构进行提出。公司的工作报告通常分成工作周报、工作月报、年度工作报告 3 种。

除有专门规定外，企业公文的处理时限通常为 2 个工作日，且每个公文的分流环节的时限都是半个小时，每个审核与审批环节的时限都是 1 个工作日。此外，紧急公文也需要即时处理。

公文的处理程序通常分为公文阅处，公文签发，公文分送，公文督办，公文清理、存档与销毁五个阶段。

公文阅处即企业领导在收到公文后，需在公文上给出处理意见，对公文进行签发或批复。

公文签发的签发权限为企业的董事长、总经理及副总经理等高管，在其权限范围内，可以用企业的名义签发红头文件、内部通告等公文；各部门的相关负责人需要在规定权限内，用本部门的名义签发出公文。以企业名义行文的公文，签发方式是经审签后，盖本企业的公章发出，在企业内部行文，也可以以通过签发人签名的形式发出。

公文分送方面，企业主要采用邮递、传真、签收、电报、电子邮件等发送方式。通常情况下，在发送公文时应采用签收方式，尤其是企业的机密公文及人事资料等重要公文，更需要将信封封口，遣专人专送。至于其他方式的分送公文，则应由分送人做好跟踪与记录工作。

收件的工作人员需要将公文进行核定，如信封、文件、文号和秘字等。如果发现其中的一项不对口，就应当即刻通知发文机构，登记出错的文件。对那些封口已经被撕毁的公文应拒绝签收。

经各个部门审核后，如果发现公文在格式或内容上存在较大错误，则需退回原部门重新拟写。在工作中，相关人员也应当积极、准确、快捷地把公文事务处理好，同时严格遵守企业的保密制度，不将企业的秘密外泄出去。

公文督办也可以说是反馈与跟踪，在承办部门接到企业领导的批示后，需要尽快把批示件与原件反馈给拟办部门，同时注意将批示件的复印件进行保存。

公文的清理、存档与销毁指企业各部门的文员，以及相关的工作人员都应对收发的公文进行每周一次的整理。对于那些有存档价值的公文，则需按照公司档案管理制度的规定，向相关管理部门移交归档。

公文管理是企业管理的重要组成部分，对于地勘企业来说，项目、科技、工程、工作报告等公文更是数不胜数。做好公文管理，能让地勘企业管理层在需要时尽快获取想要的资料，节约时间成本和管理成本。因此，做好公文管理对地勘企业来说，有着联系快速、沟通迅捷、操作清楚、一目了然的重要作用。

五、地勘企业日常事务管理

除去组织会议与公文工作外，一个企业的正常运行还离不开各种日常事务，如保密工作、接待工作、值班工作、印信管理以及办公物品管理等，这些是企业内部日常办公标准化不可或缺的一部分，具体包括以下方面。

1. 保密工作

当前信息化社会，信息化水平高度发达，窃密方式更加多样，信息扩散渠道更加广泛，保密管理工作至关重要。

秘密是指在一定时间内只限一定范围人员知悉的事项。按性质来分，秘密可分为国家秘密、商业秘密和组织内部秘密；按等级来分，秘密可分为绝密级、机密级、秘密级和内部级；按存在的形式来分，秘密可分为文献类、物体类、声像类、电子类的有形秘密和口头类、技术类的无形秘密。

企业要做好保密工作，首先要做好对企业涉密工作人员的管理。其次要执行好相关保密法律、法规以及制定组织内部相应的保密规章，建立保密机构，做到确保秘密的前提下又能便利于工作。最后要重视加强保密工作的宣传教育活动，研制开发和应用保密技术，进行保密检查督促，查处泄密事件，开展保密理论研究等。

地勘企业保密工作的主要内容有：文件保密、会议保密、新闻宣传保密、通信保密、办公设备保密等。

2. 接待工作

接待工作是各级企业都会面临的一项常规性工作。接待工作的水平高低能够反映出一家企业的整体形象，对于推动企业工作的开展有着十分重要的作用。

对于企业接待工作而言，其一般程序为：接待准备、正式接待和善后总结。

接待准备包括掌握来宾的基本情况，包括人数、姓名、性别、年龄、民族等；根据来宾的实际情况，拟订接待方案；确定领导会见来宾的时间和场所；确定参观考察活动的时间和地点；做好接待工作的预算方案。

正式接待包括安排接站、安排食宿、安排车辆、安排行程、安排订票、安排送站。

善后总结包括提前告知来宾所在单位其来访者回程所乘坐的车、船或飞机的班次、时间，以便于对方及时接站；做好接待费用的财务报销工作；把接待中所形成的文件和材料收集齐全，并做好必要的立案归档工作；做好接待总结，查找不足，以便于今后提高接待水平和质量。

接待过程中要做到准备充分、规格相当并确保安全。接待中如涉及会谈与宴会，还要做好相应的会场布置与座次安排。

3. 督办工作

督办的主要方式为电话询问、发函询问、召开会议、实地督办。

督办的基本方法为查阅有关资料；掌握有关情况；科学选择督办项目；围绕中心工作搞好督办；认真做好总结反馈；抓好对重点、难点、热点工作的督办。

4. 信息工作

在改革发展中，信息是分析形势、研究工作、制定政策的重要依据。决策的过程，就是信息的输入、处理、输出的过程。决策的形成需要借助信息进行判断，决策的实施需要借助信息进行控制，决策执行终结后，需要借助信息进行总结，为新的决策创造条件。

信息工作做得好不好，提供的信息及时不及时、真实不真实、全面不全面，将直接影响领导的决策和对全局工作的把握。加强分析、判断和整合，做好信息报送工作，有利于领导掌握情况、科学决策。

信息工作主要目标及任务是向上级及时报送本单位贯彻落实党和国家方针政策、上级工作部署情况，以及本单位重要工作进展情况、存在的普遍性问题和建议等信息，为上级了解情况、制定政策和科学决策、指导工作提供服务。

信息主要内容有：动态类信息，主要包括贯彻落实党和国家及上级部门及本单位政策、决策精神情况，工作部署与实施情况，本单位公务活动、重要会议、工作最新动态、新闻图片等；综合类信息，主要是结合地质勘探行业特点和主业状况，对地质行业的焦点、重点等工作进行全面的总结分析，发现问题与原因，提出对策与建议的大型综合性信息；其他类信息，主要是需要及时上报的重大信息、突发性事件等。

信息工作的基本要求是：信息报送工作要坚持实事求是的原则，做到真实、准确、及时；要注意把握信息报送的正确方向，认真领会党和国家的路线方针政策，紧密结合工作实际，做到信息报送方向明确，主题突出；要掌握信息的撰写方法。根据信息报送“领导最需要知道的”和“最需要领导知道的”原则，力求做到信息的新、快、准；要注重信息素材的积累。通过开展调研、沟通，了解、交流、收集、整理行业的最新情况，积累素材，及时发现有价值的信息；要保证报送信息的质量。全面及时反映地勘单位面临的形势及各项工作进展情况，做到信息内容客观真实、重点突出、文法规范、逻辑严谨、言简意赅、要素齐全。

5. 值班工作

值班工作也是企业管理的日常工作之一。

值班工作主要任务是：办理领导交办的事项；传达临时性会议通知；查询有关部门的某项批示或交办事项的完成情况；做好各种接待来客来访的工作；向有关人员传达领导交办的事情。同时，处理信息，上传下达、沟通内外；认真处理来电、来函和各种文件；安排值班人员并做好值班记录等。

作为值班人员，需要认真处理信息，妥善处理来电、来函和各种文件并做好相关记录。有客人来访时，应热情接待，问清客人的来意和身份，根据业务需要引导客人同被访人会面。当遇到突发性事件或紧急情况时，应尽快做出合理反应，准确了解具体情况并积极主动做好预防，对于重要情况应及时汇报。

6. 印信管理

印章是企业行使职权的重要凭证和工具，印章的正确使用关系到企业的权威和公正，应严格遵守企业用印程序。对于正常行文等程序用印，可到机要秘书处直接用印，非程序用印则需进行登记并经领导审核签字批准后方可使用。不可在空白的公文纸上或空白的介绍信上加盖印章。

印章在不使用时，应由专人负责保管，确保印章安全并防止污损。当企业发生合并或者名称变更等情况时，原印章应立即停止使用并及时送交原制发机关封存销毁，或者按公安部门规定处理，不得在原单位留存。

企业开具的介绍信，一般采用批量定制，由持出和存根两部分组成，使用时按项目填写即可。

7. 企业办公的信息化管理

大数据时代下，信息化管理成为一种高效便捷的管理方式，利用计算机进行数据的储存和处理，可以大量缩短工作时间和提高工作效率。将企业内部办公日常工作与信息化管理相结合，不仅可以为企业重塑一个高效便捷的管理环境，还可以更好地协调和优化各部门间的资源，加强部门之间的联系和交流。

做好企业办公的信息化管理，首先要完善信息化管理制度，积极探索日常管理事务中的规律，形成一套完整解决日常复杂烦琐事务的体系，使操作和处理流程更加规范化。其次是要加快信息基础设施建设，完善数据信息系统。最后是要进一步提高办公人员的综合素质，保证能够更好地利用现代化办公手段为企业管理和综合发展创造价值。

地勘企业内部信息化主要内容有：办公系统使用、国有监管系统的建立与维护、信息化日常维护、视频会议操作等。

总而言之，做好企业内部日常办公标准化，有利于帮助地勘企业工作人员厘清思路，提升公文质量，规范会议和具体事务流程，推广信息化管理，提高工作效率，从而推动企业内部办公工作的更好开展，提高企业内部管理效率，降低管理成本，促进地勘企业的经济效益实现明显提升，实现更加稳定的发展。

第四篇

做好地勘企业产业布局与计划实施

第十四章

活下去、活得好才是硬道理，地勘产业未来发展探索

一、地勘产业未来发展目标及方向

地勘企业发展的总体目标，其实就是大力发展核心主业，稳固发展辅助产业，推动传统产业转型升级，通过并购或投资创办，加快布局新兴产业，形成以核心产业为支撑，辅助产业为补充，各产业相互促进、协调发展的产业格局。

以煤炭地勘企业为例来说，为了实现这一目标，需要确定未来发展的重点方向，并且严格按照企业制定的方向前行。

1. 做精做优地质勘查产业

紧紧围绕国家经济结构调整，抓住从西部大开发、中部崛起、东北振兴、东部率先发展等地区协调发展战略，到京津冀协同发展、长江经济带、粤港澳大湾区、长三角一体化等一系列重大区域发展战略推进实施，所带来的能源、矿产资源需求结构变化，推进地质勘查传统主业向国家急需的新能源、新材料和战略性矿产资源勘查领域转变，强化主业技术优势，推进科技创新，加大高科技地勘装备投入力度，把地质勘查产业做精做优做强。

2. 大力发展水环地质产业

依托在水环领域的专业技术优势，加快构建以地下水资源调查评

价、矿山水文地质勘查、地下水资源勘探与水源地建设、矿山水害精细勘探以及区域环境地质调查与评价、矿山环境调查评价与恢复治理、地质灾害调查评价与治理、环境修复与污水处理等为核心的勘查评价技术体系。加大水文物探高端装备的投入和科技研发，大力拓展供水水文地质、矿床水文地质、水源地及供水工程、矿山防治水、环境地质、地质灾害、矿山环境修复与治理、水流域环境修复治理、黑臭水体治理、煤矿采空区塌陷治理、资源与环境承载力评价、环境监测预警、矿山应急救援等业务。

3. 大力发展地理信息产业

紧紧抓住以数字化、信息化、网络化、智能化为代表的高科技产业蓬勃发展的有利时机，加快构建集数据采集、数据加工处理、软件开发和系统集成为一体的地理信息技术体系以及以大数据和云计算、互联网和移动通信技术、实时监控技术为核心的智能化技术体系。

加大科技研发和投资力度，大力拓展数字测绘、城市规划、智慧农业、智慧国土、智慧城市、智慧矿山、智能化生态环境及地质灾害监测、预警等业务，研究开发地理信息高端产品，做精做优做强地理信息产业，发展成为国内外技术领先、装备精良、产品和技术过硬的行业领军型科技企业。

4. 积极稳妥地发展新型能源矿业开发产业

大力发展地热能开发，加大科技研发投入力度，积极开展地热能井下换热技术、热泵技术以及地热能系统与太阳能等其他能源系统融合技术的研究开发，以技术创新带动产业发展，加大地热能资源开发的投入力度，快速布局，做强做大，使其成为新的经济增长极。积极探索开展页岩油、砂岩油、铀、太阳能、风能等绿色清洁能源开发业务。

同时，利用矿业市场低迷，投入成本相对较低的有利时机，围绕国家急需的和关系国家经济安全的战略性矿产资源，积极开展地质找矿投资活动，条件成熟时，推进探采一体化，推动矿业开发产业做强做大。稳固拓展矿产资源产业链，在风险可控的前提下，巩固发展矿产品加工、矿产品贸易以及与之相关的大宗材料贸易。

5. 做强做大地下工程产业

发挥地质工程施工领域的技术优势、品牌优势和市场优势，大力拓展地下工程产业。不断扩大地下工程领域的资质范围，提升资质等级，积极拓展建筑、市政、交通、隧道、水利等工程领域与地质相关的地下工程业务，大力发展岩土工程勘查、城市地质、地基与基础工程、地下综合管廊、海绵城市、道路病害防治、城市塌陷探测与防治、市政工程等业务，形成具有自身特色的差异化核心竞争力，积极投身建设、运营城市基础设施。

6. 努力拓展生态农业地质产业

充分发挥地勘企业在土壤地球化学勘查领域的技术优势，加快构建以土地质量地质调查、土壤地球化学调查评价、土地整治、土壤及地下水污染调查评价与修复治理等与土地工程相关的技术体系。构建以测土配方精准施肥、生物饲料、生物肥料、智慧农业、物联网营销、农业生态产业园规划为核心的生态农业技术体系，拓展延伸农业地质技术服务领域，打造生态农业产业链。

7. 稳固发展辅助产业

采用混合所有制模式，对其他非地勘主业业务进行抓大放小，逐步搞活放开经营，安置部分闲余劳动力，盘活闲置资源，形成对地勘主业发展积极有益的补充。

二、稳定夯实地勘业务

地勘业务总体思路是：着眼于“大地质，大市场”，实现地质业务领域的深度品种拓展和广度业务延伸，从而构筑差异化的竞争优势。

通过专业化的重组，地勘企业可以打造自身在细分行业中的专业队伍，提高行业竞争力；实现商业模式转型，加强矿权的经营，由“打工者”角色转变为“产品经营者”角色，由低端向高端转型。地勘业务竞争策略主要有两方面：一是产品选择；二是业务模式转型。

1. 产品选择

深度上品种扩展：以矿产资源为核心，根据技术相关性或地理相关性，进入其他能源勘探和其他矿种的勘探领域，尤其是国家稀缺矿种。

广度上业务延伸：发挥专业优势，业务重心逐步从矿产地勘领域扩展到环境地质、工程地质、灾害地质、城市地质、矿山地质、煤炭安全地质服务等大地质领域。

2. 业务模式转型

（1）从施工生产型业务模式向总包型业务模式转型：培养总包项目管理能力，积极拓展总包业务，由单纯工程施工向建设项目施工发展。

（2）从服务于二、三级市场向一级开发转型：从承揽二、三级低端项目，向一级项目转型。提高该类项目在总项目中的比重。一方面，地勘企业以总部的名义，进行政府公关或与政府签订合作协议，成为地方政府长期合作伙伴；另一方面，提高项目管理能力，增强大项目运作能力。

（3）从单纯的工程服务型向矿权经营型转型：矿权运作主要是对优质矿产资源的相关权益的运作，通过发挥核心技术，积极向矿权经营发展。

3. 地质勘查业务能力提升策略

根据地勘企业总部优先提升因素筛选模型，选出总部最迫切需要提升的资源能力是：市场营销、管理机制、政府关系和资金。

（1）市场营销方面：地勘企业总部核心要做的是搭建起专业的地勘营销团队，建立起一整套市场化营销运作机制；

（2）管理机制方面：最核心的是对人员的管理机制实现真正的企业式管理，其中最关键的是在薪酬、绩效及职业发展方面；

（3）政府关系方面：在总部层面建立统一运作平台，以总部名义进行地方政府公关，提高政府公关效率；

（4）资金方面：关键是发挥地勘企业总部的资源统一调配功能和

规模优势，提升资金在内部的合理配置，以及提升对外融资能力。

三、积极探索矿业开发与探采一体化

在60多年的地勘事业发展历程中，地勘企业为国家经济发展做出了重要贡献，在这漫长的历程中，地勘企业自身也积累了一些较为突出的问题。解决好这些问题需要地勘企业顺利完成转型升级，同时还需要找到新的产业发展方向。有关地勘企业管理的内容，在前文已经提到许多，下文着重介绍一下地勘企业转型升级过程中产业布局和产业方向管理方面的内容。

当前，地勘企业的产业布局多有雷同，造成了地勘企业很多工作都能做，但大多工作都不突出现象的发生。在以前，这种业务雷同的情况可能并不太受重视，但现在，随着地勘企业市场化趋势加剧，市场竞争日趋激烈，新技术新方法不断涌现，再继续以这种产业发展模式去发展地勘企业，就显得有些不合时宜了。

探采一体化应该成为新时代地勘企业产业发展的重要方向。探采一体化是一个完整的从探矿到开矿的矿业开发上下游价值链，是矿业开发可持续发展的一个重要保障。

从本质上来讲，探采一体化是矿业的纵向一体化。对于地勘企业来说，在做好地质勘查工作的同时，将业务向采矿方向发展，正是探采一体化的具体实践。

早在2006年，国务院在《关于加强地质工作的决定》中，就明确鼓励国有的矿山企业实行探采结合，增强自身参与矿产资源勘探和开采的能力。2010年，自然资源部（原国土资源部）《关于促进国有地勘单位改革发展的指导意见》（国土资发〔2010〕61号）指出："探矿权竞争性出让时，要综合考虑勘查方案合理性、勘查作业能力、资金能力、业绩和信誉等要素，向实行探采一体化的地勘单位倾斜。对已经转制为企业或积极推行企业化改革的国有地勘单位，优先配置部分探矿权。"

一系列政策文件表明，我国早已确立了探采一体化的矿业市场管理调控方向，引导地勘企业自主进行选择。从我国矿业的行业特征来看，探采一体化的优势还是较为明显的。

首先，探采一体化可以显著提高资源的利用效率。地勘企业的勘查开采工作是一个复杂的过程，从勘查到开采，我们需要不断认识一个地区不断变化的地质情况。很多时候，地质勘查获得的地质数据，与矿山开采过程中的地质数据的出入是比较大的，这就决定了探采一体化在矿产资源勘查开采方面具有先天的技术优势。地勘企业拥有技术、人才和矿业权等优势，同时熟悉矿区及其周边的地质条件，可以很好地控制开采规模。在具体实践中，探采一体化能够保证矿产开采的顺利实施，同时也能节约矿产开采的损耗，从整体上提高矿产开采的经济效益。

其次，探采一体化可以节约交易环节的费用，实现规模效应。矿产资源从勘探到开采要经历很多环节和程序，其中免不了需要进行反复的市场博弈，在这个过程中，往往会消耗较多的交易费用。而探采一体化因为探矿和采矿由同一主体进行，会减少很多不必要的环节，会比探采分离更节约市场交易成本和交易费用。在节约交易成本的同时，探采一体化还可以保证勘查阶段和开采阶段的资源共享，处于不同阶段的资金、技术和人才也可以自由流动，由此可以实现规模效应，显著降低勘采成本。

最后，探采一体化可以提高地勘企业的盈利能力和国际竞争力，促进矿业可持续发展。探采一体化可以帮助矿业企业“走出去”，与国际接轨，从而提高矿业企业的盈利能力。同时，探矿业与采矿业的结合，也是高风险与高回报的结合，通过回报来化解风险，能够更好地保证矿业企业的可持续发展。

除了这些显见的优势，探采一体化在我国也面临着一些常见的问题。地勘企业在进行探采一体化改革之前，要充分认识到这些问题。

第一个问题是长期探采分离导致的地勘行业发展落后于采矿行业。虽然我国曾出台过一些举措鼓励进行商业勘查，推动探采一体化改革，并取得了一定的成效，但依然没有改变勘查业和采矿业发展不协调的情况。

第二个问题是在持续不断的开采压力下，矿产资源供应紧张。随着我国经济的发展和工业化进程的加剧，各行各业对矿产资源的需求也与日俱增，目前，我国的固体矿产资源已经非常短缺。据统计，到 2020 年，我国的 45 种矿产中，将会有 21 种矿产难以满足实际需求，5 种矿产将会出现短缺情况。

从全国探采一体化改革的形势来看，一些地区和企业确实做得有声有色，但从整体来看，改革步伐推进得还是较为缓慢。由政府主导大型矿业企业与地勘企业合作，能够快速从探采分离过渡到探采一体化，但由企业自主推动的探采一体化实践却是较为有限的。为此，探采一体化想要在我国全面推广，还需要一个过程。

当前，对于继续推进探采一体化策略，政府需要进一步推动商业勘查的市场化进程，为探采一体化提供良好的市场环境。同时还要充分发挥市场机制在探采一体化中的作用，促进市场资源的优化配置，让市场主体可以进行自由选择，做出更加理性的市场决策。

而对于地勘企业来说，想要向后完成探采一体化变革，就需要采取多种模式和创新手段。地勘企业可通过与实力较强的矿业企业合作来组建探采一体化集团，来大力开发国际国内市场，加快自身发展，同时促进矿业的可持续发展。

四、不断拓延工程施工任务

地勘企业要在不断获取工程总承包资质的基础上，从现有的地基及基础施工领域向工民建筑工程总承包扩展，逐步向矿山工程、工业建筑、路桥工程、堤防水库等领域延伸，由生产型施工企业向经营型的专业性施工服务商转变，在获取更大的市场拓展空间的同时，为地勘企业的核心业务提供工程施工支持。

另外，在路桥施工、市政施工、工业建筑、堤防水库等领域，地勘企业可根据现有的施工队伍的区域分布，以周边区域为重点，逐步进行扩展。

工程施工业务能力提升策略方面，根据市场优先提升因素筛选模型，选出了总部最迫切需要提升的资源能力是：资质、管理、设备水平和政府关系。

（1）提升承包资质：地勘企业需通过提升自身能力及工程业绩来获得相应资质，在可预见取得时间较长的情况下或资质无法满足申请要求的情况下，可以采用收购拥有相关承包资质的企业来获得相应资质。

（2）打造新的管理机制：成为拥有总承包资质的企业后，重点提升综合管理能力。

（3）提升设备水平：地勘企业应引进国内外先进的工程施工设备，打造核心竞争力。

（4）提升政府公关能力：工程施工项目多数是政府投资的项目，尤其是重点民建工程和路桥工程，政府占据价值链的主导地位，地勘企业总部应牵头开展针对政府部门的高端客户营销。

五、积极发展地勘技术服务业务

地勘技术服务业务主要包括生态文明建设产业和技术服务业两部分。

1. 生态文明建设产业

地勘企业经济发展曾经遭遇了“瓶颈”期，由于传统型经济结构的逐渐淘汰，诸如环境污染、产业结构落后等原因，无一不在阻碍地勘经济的进一步发展。进一步加强生态文明建设，积极转变经济发展模式，促进地勘企业的产业结构升级成为迫在眉睫的事情。

现如今，地勘企业积极发展生态文明建设产业，并以生态文明、地质先行做导向，全方位聚焦生态文明新要求、新使命，围绕水土污染防治、地质灾害防治、地质环境保护、美丽乡村和新型城镇化建设、海洋环境保护和自然资源统一管理这五大重点领域开展服务工作。

地勘企业加强生态文明产业建设，就是加强地热能资源勘查与开发，推进土壤污染防治，推动建设市级“地质灾害应急技术指导中心”，推动生态地质调查，加强土地质量调查，加强海洋基础地质调查与灾害防治，加强海岸带综合地质调查和修复治理，推进水资源综合调查与利用，同时开展自然资源综合调查和评价。

对地勘企业来说，保障国家资源安全，摸清水、土、矿产、森林、海洋、草地等自然资源家底与国土空间承载力，对以上环节做出生态综合监测并提出预防措施和解决方案，就是其生态文明建设产业的重中之重。

2. 技术服务业

技术业务的总体思路是：大力开发 3S 集成的技术应用，实现从“高技术”产业向“高效益”产业的转变；在地质领域做强做专，提供高附加值的数据应用和信息咨询服务。

技术服务业务竞争策略，就是地勘企业总部利用在遥感、测绘上的现有优势，使产业链下延，创造产品的附加值，提供应用软件及信息服务，同时结合地理信息系统以及全球定位系统，以地质应用为建立特色服务的突破口，大力开发专业企业应用及大众应用这两个潜力市场。

在客户选择方面，地勘企业需要加强 3S 技术在地质领域的应用，在地质应用领域加强与政府部门、专业企业集团的合作，逐步扩大至大众应用领域，提供高附加值的数据应用、信息咨询服务。

关于技术服务业务能力提升策略，根据地勘企业总部优先提升因素筛选模型，选出总部最迫切需要提升的资源能力是：管理机制、市场营销和资金。

（1）管理机制方面：与市场化竞争对手相比，地勘企业总部要改革并加强技术服务业务管理机制；完善业务的统筹规划、营销、资本运作等方面工作。

（2）市场营销方面：建立更加完备的营销管理体系，有效地增加客户群体。

（3）资金方面：加强资本运作，当业务发展到一定阶段可以考虑上市进行融资。

我国地勘企业应以“创新、协调、绿色、开放、共享”五大发展理念为指引，以“大格局、大地质、大经营、大客户”为出发点，强化地质勘查、水环地质、地理信息、新型能源矿业开发、地下工程、生态与农业地质等核心主业，以投资、并购为抓手，促进资源向核心产业聚集，优化提升传统产业，开拓布局新兴产业，精心培育核心竞争力，着力推进科技创新、模式创新和管理创新，形成特色鲜明的地勘企业新格局。

建立现代企业制度，这一直是国有企业，特别是大型国有企业的改革方向。建立现代企业制度，不但可以解放、发展生产力，还对大型国有企业的发展有着重大意义。现代化企业改革，能帮助地勘企业实现政企职责分开，并规范地勘企业经营者的行为，能够帮助国有资产实现保值增值，同时能发挥国有经济的主导作用，促进我国地勘企业与国际接轨。

总之，构建现代企业体制机制，加快地勘企业改革，加强企业管理力度，拓展地勘产业布局等都对地勘企业的改革发展起到重要作用。

六、用数据说话，推动新时代发展的地勘企业

地勘行业，一直肩负着地质找矿，同时为国家资源安全与开发提供保障、技术与服务的重任。如今，经济社会正处于转型，地勘企业在近5年也较为低迷。种种迹象都表明，当前的状态已经不利于地勘企业的蓬勃发展。

新时代下，我国建立了生态保护区政策，同时严抓地勘企业的地质勘查工作，行业的要求标准变得越来越高。深度调整已经是大势所趋。目前，国家的财政资金主要集中在民生地质与能源地质等方面，矿业勘查投入已经逐年缩减。但在地勘企业的努力下，其取得的成果斐然。

根据国土资源统计数据显示，从探矿权设置情况来看：截至2017年底，全国有效期内非油气探矿权共计21235个，较2016年末减少

17%；登记勘查面积36.33万平方千米，较2016年末减少20.8%。主要集中在34个重要矿种中。

从矿产勘查成果方面看：2017年，全国新发现矿产地109处，其中，大型37处、中型29处、小型43处。新发现矿产地数量排名前列的矿种分别是：金（17处）、石墨（11处）、煤（8处）、铅锌（5处）、铁（4处）、银（4处）、磷矿（4处）。全国完成阶段性勘查的矿产地485处，其中预查39处、普查127处、详查207处、勘探112处。

从基础地质调查方面看：地勘企业已经完成1∶5万区域地质调查15.9万平方千米，工作程度提高到41.6%；1∶25万区域地质调查0.5万平方千米。完成1∶5万重力测量0.4万平方千米。开展雄安新区地质调查，支撑服务雄安新区规划建设。

这些都是真实数据，也是新时代下地勘企业做出的努力。经济社会转型的背景下，地勘企业不仅能保障国家资源安全，还是矿业权出让制度改革的重要支撑，也是国家实施矿产地储备工程的重要力量。

如今，地勘企业正在不断完善管理机制，务求乘上新时代的东风。在这一期间，良好的政策也让地勘企业孕育了机遇。

无论是资源税改革，还是自然资源统一管理，这些政策都帮助地勘企业在新时代站稳脚跟。例如，国家从2018年4月1日至2021年3月31日对地勘企业实施减税政策，并将对页岩气资源税（按6%的规定税率）减征30%。这样一来，开采企业与社会资本勘探开发页岩气的积极性就被充分调动起来，继而促进页岩气勘探开发进入快速发展阶段。

自2018年起，我国对除了页岩气、油气、稀土外的各种矿种的勘查，都不再附有资质要求。同时，国家还为绿色勘查提供了资金支持，这笔资金主要用于生态环境保护方面。

随着我国地勘企业从经营性到经济与生态文明建设并行的推进，地勘企业的地质工作转型升级也迎来了机遇。

在这样的政策支撑下，地勘企业需要抓紧时间厘清思路，提升管理能力，利用自身的技术优势快速发展。这就要求地勘企业负责人，要加快推进产业结构调整的进程，同时找准地质工作与生态文明的契合点，把传统地勘工作与国家号召的生态文明建设相结合。

在实现转型的过程中，地勘企业的管理工作要从人才结构、产业结构、技术装备、服务生态文明建设等方面抓起，这些都是实现地质工作转型升级的基础能力。

在这样的背景下，地勘企业更应该通过现代化管理机制，促进地勘企业由内而外地变革。当然，地勘企业在制定管理制度的同时，也要注重产业结构的调整，一边发挥产业优势，一边利用已有的科研成果与人才、技术，推进“互联网+地质大数据”建设，促进地勘企业在数据化方面的管理。

总之，一味地依靠国家扶持并不是长久之计，地勘企业若想守住积累、开拓创新，就要用管理做骨架，以科学机制为血肉，这样才能迎来更加美好的春天。

第十五章

地勘企业运行实施的计划管理

一、地勘企业运行模式指导思想与思路

根据地勘企业国企的特殊性，其运行模式的指导思想是以国家政策为导向，以现状为基础，以体系构建为支撑，以产业发展为目标。

所谓“以国家政策为导向”，就是要以国家有关地勘单位改革的相关政策为导向，指引地勘企业总部实施企业运行。

所谓“以现状为基础”，就是以地勘企业的现状为基础，充分考虑到企业的历史传承、发展实际、经营特点进行企业运行。

所谓“以体系构建为支撑”，就是从地勘企业的组织体系和管理机制入手，构建符合企业发展要求的管理体系。

所谓“以产业发展为目标”，就是以产业发展促进地勘企业的发展，提升经济效益，实现“富企惠民”的目标。

地勘企业的运行模式设计原则，是“尊重历史，加快变革；先易后难，循序渐进；全盘统筹，积极推进”。

所谓“尊重历史，加快变革”，就是实施企业运行必须要尊重地勘企业的发展历史，尊重人员的发展历史，在充分考虑地勘企业总部体系承受变革能力和时间的基础上，树立信心、加快变革。

所谓“先易后难，循序渐进”，就是实施企业运行涉及各方面的工作，要先易后难，循序渐进地推进。

所谓“全盘统筹，积极推进”，就是地勘企业实施企业运行，这是项系统性工程，需要在总部层面进行全盘统筹的基础上，积极推进。

地勘企业运行模式发展定位，是由“企业运行的产业定位”和“企业运行的体系定位”两部分组成的。

1. 企业运行的产业定位

地勘企业企业运行的产业定位，就是成为具有国际影响力，同时以地勘及矿业开发为核心，提供相关工程、设备及信息咨询服务的综合性产业集团、一流特色企业。

所谓“具有国际影响力”，就是地勘企业未来不仅是国内行业的领军者，构建强势的行业地位，而且要伴随着海外市场不断扩展，形成国际领域的影响力。

所谓“以地勘及矿业开发为核心，提供相关工程、设备及信息咨询服务”，就是地勘企业的产业发展定位，需要以地勘和矿业开发为核心，并以此为基础，涉及相关的工程施工、设备制造、信息咨询服务等行业，形成自身的产业体系。

所谓“综合性产业集团”，就是地勘企业以综合性的产业集团为发展目标，以产业为主、资本运作为辅，形成集团型的组织架构。

所谓“一流特色企业”，就是地勘企业的身份归属，即成为一流特色企业。在业务发展方面形成自身的特色，追求卓越，追求一流。

2. 企业运行的体系定位

地勘企业要成为符合自身行业地位，符合市场竞争需要，治理结构完善、组织体系合理，权责划分清晰、激励考核到位，以资产关系为纽带的集团化组织体系。

所谓“符合自身行业地位”，就是地勘企业未来的发展体系定位，必须符合自身的行业地位和在国内、国际的行业影响。

所谓“符合市场竞争需要”，就是地勘企业未来的发展体系，要以市场为导向，以支持全面参与市场竞争为目标。

所谓“治理结构完善、组织体系合理”，就是构建符合地勘企业发展和管理要求的组织体系，逐步完善治理结构，这是地勘企业实施企业运行的基础性组织保障。

所谓“权责划分清晰、激励考核到位”，就是根据发展需要和业务状况，明确地勘企业总部与下属业务单元之间、各个业务单元之间、各部门之间的权责，构建以业务发展为导向的激励体系和考核体系，推动企业运行的实施。

所谓“以资产为纽带的集团化组织体系”，就是地勘企业体系内，逐步形成以资产为纽带的内部组织关系，以此为基础最终形成集团化组织体系。

而地勘企业运行模式工作的总体思路，就是以体系提升促进产业发展，以产业发展保障体系提升。

地勘企业在企业运行方面，主要需要在内部机制和产业发展两个方面进行重点提升。地勘企业运行模式的总体思路可以为：机制提升与产业发展同时推动，先易后难，逐步实施。以产业整合为突破口，以组织结构调整和职能厘定为主要手段，逐步推动各管理模块的企业运行。

二、地勘企业运行模式实施保障措施

地勘企业运作的实施保障，可依托“12345”的核心内容实施，即“创建一个崭新企业，把握两个核心坚持，实现三大发展转变，打造四大运营平台，提升五大核心能力”。

1. “创建一个崭新企业”

所谓“创建一个崭新企业”，指的就是地勘企业通过企业运作模式的实施，从业务发展和管理体系方面实现全面提升，创建符合市场竞争需要、产业布局合理、科技水平领先、内部管理机制完善和崭新的地勘企业集团。

在管理体系方面，地勘企业上下要形成统一的管理体系，各二级和三级单位在总部的管控下，形成“一盘棋”的凝聚程度，充分资源共享和产业协同。

在业务体系方面，地勘企业总部给予业务切实指导和统一资源调配，努力实现业务之间相互促进和支撑，形成总部业务的整体优势。

在品牌体系方面，地勘企业要搭建母子品牌架构，形成总部品牌领导下的行业品牌和产品品牌体系，既能体现总部品牌理念的统一性，又能体现行业和产品的独立性。

在企业文化方面，地勘企业要塑造起总部统一的企业文化体系，不断强化整体凝聚力，打造独特的总部文化。

2. “两个核心坚持”

为实现地勘企业总部的企业运作模式发展目标，就必须坚持“求特色”和“求规模”并重的发展思路，以特色引领规模，以规模促进特色。

所谓求规模，就是通过探采一体化，大力发展矿业资源开发业务，以及发展其他相关的规模化业务，求规模、求效益；所谓求特色，就是通过发展特色能力、发展新能源开发和稀缺矿种探采业务，求特色，求不可替代的战略地位。

3. “三大发展转变”

三大发展转变就是实现“思想观念转变，发展模式转变，管理机制转变”，地勘企业需要通过三者的相互支持与影响，来实现发展的良性循环。

思想观念转变，就是通过企业文化建设、管理制度建设等，彻底扭转管理者和员工中普遍存在的无市场意识、平均主义、无竞争意识、无整体意识等思想观念；发展模式转变，就是由内涵式发展模式为主转变为内涵式和外延式增长并重的发展模式；管理机制转变，就是由事业色彩仍较浓厚的管理机制转变为完全企业化、市场化的管理机制。

4. “四大运营平台”

四大运营平台，即资本运作平台、技术研发平台、营销管理平台、支持与管控平台。

平台建设是夯实内部管理基础，提升企业运行能力与效率的重要手段，在地勘企业发展进程中将根据战略的需要和企业实际情况采取稳健有序、分步推进的原则进行，下面来具体解读一下。

资本运作平台：在总部层面进行统一规划、统一授权、重大项目统一运作的资本运作管理。

技术研发平台：在总部层面成立研发中心，统一领导全局技术研发工作，重大项目由总部牵头成立项目组，直接进行运作。

营销管理平台：在总部成立品牌管理和市场营销部门，对企业品牌进行统一管理和统一传播，对重点难点市场进行统一开发，或对下属二级单位进行相关指导。

支持与管控平台：在总部建立相关职能机构，对下属单位提供职能服务，并对下属单位进行运营监控。

5. “五大核心能力”

所谓五大核心能力，即地勘单位基于落实企业运行和完成战略目标的需要，亟须培育的战略管理、运营执行、技术研发、市场营销、资源整合五大核心能力。

战略管理能力：优化战略制定、战略实施、战略质询、重大经营举措审核、战略调整等战略管理能力。

运营执行能力：通过制度建设、企业文化影响等方式，提升地勘企业的整体执行力。

技术研发能力：优化技术研发组织体系，建立有效的技术研发激励机制，优化技术研发运行流程，组建结构合理的技术研发团队，全面提升技术研发能力。

市场营销能力：搭建与市场接轨的营销组织体系，建立完善营销管理制度，组建作战力强的营销团队，逐渐强化市场营销能力。

资源整合能力：强化内部资源整合能力，梳理各业务资源状况，寻找各业务间的有机联系，资源向核心重点业务倾斜配置；加强外部资源整合能力，根据企业整体战略，明确外部资源需求，并对相关资源进行深入研究和分析，积极进行外部资源整合。

以上战略发展的核心可始终贯穿于地勘企业发展战略的整个时间段，亦可同时在多个业务板块中都有所体现。

三、地勘企业运行模式实施总体计划

作为基础保障工作，企业运行模式的标准化对企业起到了重要的支撑作用。因此，地勘企业运行模式实施的总体计划，需要从宣贯期计划管理开始。

地勘企业宣贯期计划管理的准备阶段：方案宣贯，在全企业体系内，进行相关方案的宣贯，统一时间，构建良好的实施氛围和实施环境。

地勘企业宣贯期计划管理的方案研究：充分借鉴外部咨询机构，依托地勘企业自身现状和诉求，进行企业运行方案的全面研究，制定符合实际情况和发展需要的企业运行模式。

地勘企业宣贯期计划管理的机制设计：进行企业运作机制的全面设计，以企业运行的组织结构和管控模式为基础，从战略管理、营销管理、投融资管理、财务管理、风险控制管理、科技创新管理、人力资源管理和企业文化管理八大管理维度，进行细化的分析与设计，制定符合地勘企业的企业运行模式、可实施的相关管理机制。

地勘企业宣贯期计划管理的组织构建：为推动地勘企业运行模式的实施，构建企业运行模式实施组织，形成三级的组织管理体系，做到明确分工，推进模式的实施。

地勘企业宣贯期计划管理的宣贯推广：对企业运行方案在全企业体系内进行宣贯和推广，统一员工思想，转变员工观念，倾听员工意见，为后续计划的全面实施奠定基础。

在宣贯期后，地勘企业需要进行运作调整期计划管理，第一阶段为调整期，主要进行试点推进，选择合适的实施模块和对象，进行相关方案的试点运行，积累经验。

地勘企业调整期计划管理的产业整合：对地勘企业现有的产业进行

全面的梳理整合，向核心主业的产业链集中，形成清晰明确的产业布局。

地勘企业调整期计划管理的机制优化：依照企业运行模式的设计要求，从管理机制方面全面优化提升，重点在于管控模式构建的推进和八大管理机制的完善，形成企业运行的基本管理体系保障。

地勘企业调整期计划管理的组织调整：在产业板块内，进行专业公司的构建，提升地勘企业在细分市场上的业务竞争能力。

地勘企业调整期计划管理的平台搭建：着手建设地勘企业总部层面的资本运作平台、技术研发平台、营销管理平台、支持与管控平台，支持企业运作模式的推进。

地勘企业调整期运作后，则进入企业运作布局期计划管理，其目的是反馈优化，根据试点实施过程中的反馈情况，对相关的方案进行相应的优化与修正，完善相应的组织体系和管理机制。

地勘企业布局期计划管理的产业布局平衡：完善地勘企业的产业布局，形成主业板块业务平衡、国内海外市场发展平衡的产业布局态势，全面支持“求特色、求规模”的发展思路和“做强做大”的发展目标。

地勘企业布局期计划管理的内部提升到位：在组织体系、管控体系、管理机制等方面的提升与优化基本完成，对地勘企业的发展实现全面的支持与保障。

地勘企业布局期计划管理的业务规划合理：进一步明确地勘企业各项业务的发展思路和发展路径，依托下属的专业公司，实现产业的稳健、合理发展。

地勘企业布局期计划管理的平台构建完备：在地勘企业总部层面，可通过一系列举措，设计基本完成“四大平台”的构建，形成总部的“六大中心”的管控机制，全面促进企业的发展。

最后，地勘企业运行模式将进入扩张期，其计划管理目的是在全企业体系内，全面推行企业运行模式方案。

地勘企业扩张期计划管理的平台推动增长：依托地勘企业总部的产业布局平台、利用总部层面完善的管理平台，求规模、求特色，全面推进地勘企业相关经济指标的增长。

地勘企业扩张期计划管理的规模加速扩张：在规模体量实现快速增长的同时，充分发挥自身的资源优势、管理优势和平台优势，通过资本运作、兼并重组等手段，实现地勘企业业务的全面扩张，构建极具行业竞争优势的地勘企业集团。

地勘企业扩张期计划管理的全局发展协调：全面推进地勘企业的企业运行模式，从产业布局、行业影响、经济指标、社会贡献、员工待遇等多方面实现企业体系的协调发展。

四、地勘企业运行管理流程

关于运行管理流程，地勘企业应根据组织结构和管控体系，选择涉及战略管理、财务管理、投融资管理、人力资源管理等核心管理模块的重点流程进行全面的梳理。

在设计流程目录体系方面，可根据地勘企业的管理内容进行细化分拆，具体如下：

流程分类：企业管理流程；财务管理流程；投资管理流程；人力资源管理流程；科技管理流程；信息管理流程；业务管理流程；综合事务管理流程；党群管理流程；其他流程类别。

在流程的绘制规则方面，地勘企业需形成流程文件的三个部分：流程程序文件、流程图和流程程序说明，并且严格规范各个文件的格式、撰写规则、表述方式等。

根据地勘企业的管理需要，管理者需要对当前的管理流程进行诊断评价，分析存在的问题及改进的方向。

在对地勘企业现有流程全面把握的基础上，根据企业运行的需要，从流程的重要性角度识别企业的核心管理流程，并加以优化。在识别与优化过程中，重点关注以下五大因素：

流程图：明确流程目标，设计基本的管理流程，绘制清晰的流程图。

流程关键控制点：对流程图的关键控制点加以确认，确保流程执行的过程不偏离流程设计的最初目标。

流程主要协调单元：确定流程执行的主要协调单元，强调其在流程执行中的重要推动作用。

流程交接环节：设计流程关键交接环节程序，编制流程交接环节的相关表单，确定交接时间限制。

流程授权：明确流程参与各方的相关权利与责任，在流程执行过程中发挥流程权的决定作用。

在上述流程相关工作完成之后，最终确认用于实施的流程。通过流程体系，固化地勘企业运作的相关管理机制。

第十六章

国际与国内地勘产业发展模式分析

一、外向经济下的地勘产业

随着经济全球化时代的到来，国际分工也变得越来越明显。各种资源在世界各地穿梭，给各国带来了新的发展机遇，也实现了资源的更优化配置。

我国建立了很多位于交通便利的、用栅栏隔离、置于海关管辖之外的特殊经济区，名叫自由贸易区。在自由贸易区内，我国允许外国船舶自由进出，对于外国货物免税进口，并且取消对进口货物的配额管制。

2013 年以来，我国在上海设立了自由贸易试验区，这一经济政策不但促进了上海本地的经济发展，而且给长江三角洲地区的经济发展带来了辐射效应。之后，我国先后在广东、天津等地增设了自由贸易试验区。

建立自由贸易试验区，不但有利于增加我国面向全球竞争的优势和经验，而且拓展了我国经济增长新空间，为中国经济进行全面升级、进一步深化改革开放打下了坚实的基础，从而更好地实现全国经济发展。

以自由贸易试验区为主导的外向型经济，对我国经济全面发展具有一定的拉动作用。我国在经济发展方面积极引入外资，利用国内、国外两种资源，全面发展进出口加工贸易，充分发挥国内外两个市场的巨大潜能。

正确实施对外发展战略，实施外向经济，是中国响应世界经济一体化号召的证明。外向经济能让我国快速吸引国外资本，并且迅速发展国内、国外两个市场，实现以提高国际经济贸易竞争力为目的经济战略。

我国政府紧跟时代要求，大力发展外向型经济，为国内各大中小型企业参与国内外经济贸易合作提供了透明、自由、稳定的良好平台，从而促使中国的双边经济合作与区域经济合作不断增强，并且对推动我国经济起到极其重要的作用。

目前，我国正处在由传统的出口导向型经济向外向型经济转型的特殊时期，要想快速发展我国经济，取得瞩目成就，就要做到以下四点：

第一，充分发挥外向型经济的自身特点：与时俱进，不断创新。

第二，加大开放力度，引进外资，留住人才。政府应当遵循公平、公正原则，让企业间形成良性竞争。大力发展国内外两个市场，促进进出口贸易。此外，我国虽然劳动力众多，但优秀的高层管理者还是欠缺的。企业在考核人才时，应当遵循公平、公开、公正的原则，建立合理的员工绩效机制。

第三，发展自身特色产业，优化企业结构。比如，在产品的种类、质量及效率方面，改造传统产业技术和水平；快速发展高新技术行业，在产品中增加高技术含量的比例，生产附加值高的产品。此外，对于我国传统产业的危机性，必须要有一个清醒的认知。

第四，从劳动密集型向技术密集型经济进发，遵循产业发展规律。事物在发展过程中都要遵循自身规律，只有这样才能做到可持续发展。由劳动密集型转型到技术密集型，这是产业发展的一般规律，也是我国实现工业化的必经之路。

我国当前主要生产劳动力密集的低级产品，所以，我国在国际市场上的竞争力只有廉价的劳动力。随着生产规模的不断扩大，我国自身生产也会不断增加对劳动力的需求，最终导致劳动力市场供不应求，劳动力价格飙升，然后丧失廉价劳动力的竞争力。

外向经济不但能让我国经济飞速发展，还能促进社会和个人的财富累积。

国际化是当前时代的大趋势，我们不可能凭借独善其身就能蓬勃发展。面对国际经济的机遇和挑战，地勘企业要时刻准备好。

二、地勘企业国际业务发展思路

随着我国“一带一路”倡议的推进，我国企业国际化进程加快，地勘企业也制定了一系列发展战略定位和战略目标。在市场国际化的大形势下，地勘企业的海外业务以地质勘查、矿业开发以及工程施工为主。

地质勘查、矿业开发业务主要指煤炭矿产、化工矿产和稀缺金属矿产的勘查与开发。工程施工主要包括房屋建筑工程、路桥交通基础设施工程等。在业务区域方面，根据国家政策导向，以及海外业务发展现状和各国矿业开发投资环境评估，地勘企业应将东南亚、非洲、澳洲以及东亚的蒙古地区作为海外业务未来发展的重点区域。

地勘企业国际业务发展的总体思路，是坚持大地质的国际化发展思路，重点与国内大企业、投资机构的海外项目或当地的企业建立战略合作伙伴关系，打造国际化的组织管控结构、市场营销体系、技术和资质力量、多样化的投融资能力以及完备的风险控制制度，逐步使业务在海外站稳脚跟，为下一步的海外扩张奠定坚实基础。

国际业务能力提升策略主要有以下 5 点。

1. 组织管控提升策略

地勘企业总部应强化体系内海外业务资源整合能力，设立国际合作协调管理机构，统筹规划海外业务，形成统一化管理；建立适应所在国国情的企业经营体制和机制，建立高效的决策机制和有效的监督制约机制，建立并不断完善国际化发展的业绩考核管理体系。

2. 市场营销提升策略

地勘企业总部应加强政府公关，尽快与有关国家驻华机构建立常态化的密切联系渠道，构建国际业务市场营销体系。

3. 技术提升策略

地勘企业可以参考国外的地质勘探、矿业开发和工程施工技术标准，与国内行业水平做比较，在实践中不断提升技术水平。

4. 人力资源提升策略

为了吸引适合的国际化人才，地勘企业必须制定相应的人力资源开发提升策略，确保人力资源与经营发展相适应。

5. 融资能力提升策略

地勘企业应通过政府政策资金、银行融资、引进战略投资者、自有资金、境外上市（社会融资）等方式，扩大融资渠道。

一些地勘企业已经与中非发展基金等各类海外投资机构签署了合作协议，这是一个发展契机，在此基础之上，地勘企业应继续加强与我国金融机构的融资及合资合作，同时也应以此为基准，加强这些方面的管理。

第五篇

谋划好地勘企业深化改革与未来管控体系

第十七章

积极构建地勘企业支撑体系

一、用好国家政策支撑

地勘企业作为国企，其发展自然离不开国家政策的支持。

早在2011年3月23日，《中共中央、国务院分类推进事业单位改革的指导意见》中就明确表示：到2015年，完成事业单位分类。将现有事业单位按照社会功能划分为行政类、经营类和公益类。根据职责任务、服务对象和资源配置等情况，将公益类事业单位划分为公益一类和公益二类。

承担义务教育、基础性科研、公共文化、公共卫生及基层的基本医疗服务等基本公益服务，不能或不宜由市场配置资源的，划入公益一类。承担高等教育、非营利性医疗等公益服务，可部分由市场配置资源的，划入公益二类。

对承担行政职能的，逐步将其行政职能划为行政机构或转为行政机构；对从事生产经营活动的，逐步将其转为企业；对从事公益服务的，继续将其保留在事业单位序列，强化其公益属性。

事业单位按照财政拨款的多少，又可分为全额拨款事业单位、差额拨款事业单位和自收自支事业单位。

全额拨款事业单位采用的是其所需的事业经费全部由国家预算拨款的一种管理形式。一般适用于没有收入或收入不稳定的事业单位，如学校、科研单位、卫生防疫、工商管理等事业单位，即人员费用、公用费用都要由国家财政提供。

差额拨款事业单位，按差额比例，财政承担部分由财政列入预算；单位承担部分由单位在税前列支，如医院等。差额拨款单位的人员费用由国家财政拨款，其他费用自筹。按照国家有关规定，差额拨款单位要根据经费自主程度，实行工资总额包干或其他符合自身特点的管理办法，促使其逐步减少国家财政拨款，向经费自收自支过渡。

自收自支事业单位，则是国家不拨款的事业单位。

地勘企业虽然被划分为公益类，但总体上属于从事生产经营活动的单位，目前仍然保留了部分事业单位身份，且为国家差额拨款的事业单位。因此，地勘企业本来就有国家政策做支撑。

1999 年 4 月 12 日，印发的《关于国家经贸委管理的 10 个国家局所属科研机构管理体制改革的实施意见》中明确提出，国家经贸委管理的内贸局、煤炭局、机械局、冶金局、石化局、轻工局、纺织局、建材局、烟草局、有色金属局 10 个国家局所属 242 个科研机构转制后，享受以下优惠政策：

原有的正常事业费继续拨付，主要用于解决转制前已经离退休人员的社会保障问题。

职工养老保险按以下办法执行：

转制前已经离退休的人员，原离退休金计发办法不变，离退休金发放和日常管理工作由原单位负责。转制后的在职人员实行企业职工基本养老保险制度。

从 1999 年 7 月 1 日起，单位和个人按当地人民政府规定的比例缴纳基本养老保险费，建立基本养老保险个人账户。1999 年 7 月 1 日前的连续工龄视同缴费年限，不再补缴养老保险费。

转制前参加工作、转制后退休的人员，基本养老金计发按照企业职工基本养老保险制度的规定执行，对按企业基本养老金计发办法低于原事业单位退休金计发办法的部分，采用发补贴的办法解决，所需费用从基本养老保险统筹基金中支付，补贴标准按国家有关规定执行。

2004 年 7 月 1 日后退休的，执行企业计发办法。有条件的企业可建立补充养老保险。企业要高度重视并保证科技人员退休后应有的生活待遇。转制后参加工作的人员，按照规定执行当地企业职工基本养老保险制度。

基本建设项目投资由国家经贸委、科技部和有关国家局商国家计委在过去 5 年平均水平的基础上，结合在建项目的实际情况，继续由中央给予两年补助支持。

从 1999 年起 5 年内，免征企业所得税，免征其技术转让收入的营业税，免征其科研开发自用土地的城镇土地使用税。科研机构进入企业仍然从事科技开发并实行独立经济核算的，享有上述同等免税政策。

同时，国务院在 2006 年做出了深化国有地质勘查单位改革的决定，其中包括：进一步落实国务院关于地质勘查队伍管理体制改革的方案，按照企事分开的原则，推进国有地质勘查单位改革。省级政府和国务院相关部门要认真总结改革经验，加大工作力度，因地制宜，区别对待，加强对改革的指导。各地区、各部门应从实际出发，积极探索有利于加强地质工作的改革途径。加强中央管理的地质勘查队伍建设，提高矿产资源勘查技术水平和国际竞争能力。可见国家政策对地勘企业的支撑作用。

二、打造人才支撑

21 世纪什么资源最珍贵？人才一定是不可忽略的重要答案。

地勘企业人力资源管理需要以战略为导向，以业务为依托，实现“能上能下，能进能出”的人才流动机制，以岗定薪、绩效考核的薪酬体系。

地勘企业需要改变原有事业单位的管理方式，要高度重视人事管理、人力资源开发，在选人、用人、育人三个方面进行相应的规划与实施，做到用其所专，尽其所能。

人力资源管理制度的改革应从招聘、薪酬、绩效与职业生涯规划着手，并且在人力资源管理层面提升以下方面：

根据战略发展需要制订有针对性的人才需求计划，并将完善人力资源体系作为支持与保障；人力资源部门的工作重心应该从传统的行政职能更多地转向服务职能和战略职能；薪酬管理的基础从身份职务等级差别变为岗位价值的差别，按岗位序列设计个性化的薪酬体系，彻底消除平均主义，拉大薪酬差距；制定科学合理的绩效考核指标、考核周期、考核结果的应用等，特别是实现绩效考核与薪酬挂钩；建立多渠道的招聘机制，内部培训与外部引进相辅相成；试用末位淘汰制，在续签合同时建立劳动者与用人单位双向选择机制；为员工提供立体式的职业发展途径，改变以前以行政系列为主的职业发展模式，通过横向和纵向发展相结合。

目前，地勘企业人力资源规划的现状是能够制定人才队伍建设规划，且内容较为全面，但缺乏与战略之间的联系，缺乏具体执行的思路；地勘企业人力资源规划的未来提升方向，是根据战略发展需要，有针对性地制订人才需求计划，并完善人力资源体系，以此作为人才战略的支撑和保障。

地勘企业的人力资源现状是具备了一些现代企业的人力资源管理职能，如薪资、绩效管理等，但与真正的人力资源管理职能之间还存在较大差距；未来提升方向是人力资源部门的工作重心，应从传统的行政职能，更多地向服务职能与战略职能转化。

地勘企业的招聘机制现状是部分单位建立了员工选用的竞争机制，但从总体上看，仍旧存在来源单一、缺乏竞争力等问题；未来提升方向是建立多渠道的科学招聘机制，让外部引进人才与内部培训人才双管齐下。

地勘企业的绩效考评现状是建立了一定的绩效考评制度，且实现了绩效与收入在某种程度上挂钩的机制，可考评体系尚不能称为科学合理；未来提升方向是制定科学合理的绩效考核指标、考核周期、考评结果等，特别是实现绩效考核与薪资挂钩。

地勘企业的薪酬管理现状是高管实行了年薪制，且部分拉开了收入差距，但大部分员工都是按照身份和职称定薪，没有按照岗位定薪，还是存在平均主义现象；未来提升方向是薪酬管理的基础，从身份职务等级差别变为岗位价值的差别，且能按照岗位序列，具体设计个性化的薪酬体系。

地勘企业的淘汰机制现状是基本不存在淘汰机制；未来提升方向是在内部建立降级、待岗等淘汰机制。

地勘企业的职业生涯规划现状是地勘企业有管理与技术两种晋升渠道，但技术晋升渠道有限，大部分员工都只能通过管理层面获得晋升；未来提升方向是为员工提供立体的职业发展途径，并改变之前以行政系列为主的职业发展模式，将横向发展与纵向发展结合在一起。

招聘是地勘企业引进人才的重要途径，也是保证人才的源头。因此，地勘企业在制定招聘制度方面，需要注意以下几点。

扩大招聘渠道：加大校园招聘力度，与高校合作建立稳定的人才输出平台；利用猎头公司、求职网站、人才市场、员工推荐等方式扩充招聘途径，增强获取高端经营管理人才的能力。

完善内部招聘体系：与员工职业生涯规划相结合，加强人员的内部流动，通过内部竞聘的方式从内部寻找合适人选。

构建招聘评价体系：运用公平、合理、科学、有效的甄选手段对应聘者的个人性格与能力进行测评，并制定完备的招聘流程，保证人才招聘目的与结果的契合度。

引进人才后，企业需要用薪资与绩效考评等方式留住人才。针对，员工们的职业生涯规划这一点，地勘企业目前存在管理和技术两个晋升通道。可技术通道有限，大多数员工仍需通过管理层级的提升获得晋升。针对这一问题，地勘企业应先为员工提供立体式的职业发展途径，从单项技术专业化、跨技术多元化以及管理职位三个维度提供员工职业道路的选择，以形成不同的晋升序列，满足员工的发展诉求。之后，再通过以考核为基础实现序列的晋升。最后，将晋升与个人的收入相挂钩。

地勘企业可根据目前的专业门类建立管理、技术、营销、专业职能四条发展通道，鼓励员工专精所长，为企业培养管理、技术、营销、专业职能人才。

管理通道：指的是员工可以在不同层级的管理岗位上发展，具体包括初级管理岗、中级管理岗、高级管理岗等。员工晋升要依据业绩和相关能力素质要求进行，从而鼓励员工不断提高管理水平，为地勘企业培养高级管理人才。

技术通道：指的是将专业技术类岗位设立不同的层级，每一层级对应着相应的能力素质要求和职责要求。例如，技师可以分为初级技师、中级技师、高级技师、工程师等级别。员工在这一通道上也有长远的发展前景，更高的级别对应着更高的薪酬及福利待遇和更好的发展机会，从而鼓励员工在技术领域里向纵深发展，为地勘企业培养高精尖技术人才。

营销通道：指的是将营销类岗位也划分为初级、中级、高级、资深等级别，鼓励营销类员工在营销专业里向纵深发展，为地勘企业培养高级营销人才。

专业职能通道：指的是财务、人力资源等职能管理类岗位，也可以设立初级、中级、高级、资深等等级，以鼓励员工在相应职能领域不断提升专业能力水平，为地勘企业培养高级专业职能人才。

三、构建文化支撑

企业文化是一个企业向前发展的精神力量，也是其在激烈竞争中生存下来的重要根基。同时，企业文化更是一个企业在发展过程中不断积累、发掘出来的精神财富，是企业员工共同努力的结果。

企业文化具有强大的凝聚作用，通过长效的激励机制可以持续激发员工的积极性和创造精神，同时还能够有效地促进员工之间的相互沟通，对员工行为产生一定的约束。企业文化对外还能够起到塑造企业形象、提高品牌价值的作用。

大部分地勘企业虽然对企业文化有所描述，也适当地开展了文化建设活动，但都免不了流于形式。目前，地勘企业还没有形成具有鲜明特色和特定内涵的企业文化理念，企业文化实施体系也尚未建立。

地勘企业的文化体系建设，需要从三个方面完成：物质层、制度层和精神层。物质层是企业理念层与制度层的物质表现载体，也就是文化载体和传播途径；制度层重点在于制度与文化理念的匹配性；精神层重点在于企业定位与核心理念提炼。

从构成上来看，地勘企业的企业文化可以分成企业哲学、经营理念和企业精神。企业哲学更多地表现为企业的价值观体系，这是一种观念意识，从总体上规范着企业的经营宗旨和行为。而经营理念则更多地表现为企业的指导思想，这种指导思想可以以文字化的形式呈现出来，形成企业的纲领性文件。企业精神则是一种无形的力量，正如个人精神一样，主要形成于企业的生产过程中，包括团队协作精神、创新精神、诚信精神等具体内容。

在现代企业管理理论中，企业文化的构建已经成为企业核心竞争力的表现。如何构建强大的企业文化，推动企业文化管理，已经成为越来越多管理者关注的焦点。对于地勘企业来说，企业文化建设，最重要的是坚持“以人为本”的管理理念。

地勘企业经营者想要传播某种企业文化，最好的办法就是通过订立企业制度。对于绝大部分员工来说，理解企业制度，要远比理解企业文化容易得多。因此，地勘企业管理者需要将企业文化融入制度中，从而让员工在遵守制度、理解制度的同时逐渐接受企业文化，加速对企业文化的认同。

贯彻落实地勘企业文化可以从以下几个环节出发。

1. 端正员工政治思想

企业文化建设需要思想政治工作进行配合，所以管理者想要建设企业文化，就需要将企业的思想政治工作放在首位。思想政治工作可以对企业文化建设产生正确的引导作用，只有端正员工的思想，对员工进行正确的思想教育，帮助员工摒弃低级的、错误的人生观和价值观，只有当员工的思想政治意识得到了提高，才能真正将企业文化与自身发展联系起来，将企业的价值观和个人价值观相结合，从而自觉融入企业文化建设中，达到与企业“同甘共苦”的境界。

2. 树立管理者的领导作用

作为管理者，如果自身不能将思想意识和价值观念与企业的发展目标及价值观念相融合，就没有办法去要求员工认真践行企业文化。所以，贯彻企业文化，需要地勘企业管理者从思想上、习惯上和行为上都表现出对于企业文化的认同和践行，从而逐渐影响企业的高级管理人员和企业的中下层员工。

3. 建立完善薪酬体系

企业文化建设坚持以人为本，这就要求企业在进行文化建设时应该体现出以员工为本的管理理念。企业员工所需要的是物质需求的满足，以及个人能力的成长，所以完善的薪酬和晋升体系是员工认同和接受企业文化的一个关键因素。清晰、稳定的薪酬体系可以让员工在工作时感到安全感和归属感，从而促进员工工作效率的提高。而当员工在当前阶段的个人需求得到满足之后，他们便会继续按照薪酬体系的规定向着下一个阶段努力，薪酬激励体系成为一种有效的激励体系，使员工不断提升自身能力水平，在客观上推动企业向前发展。

4. 搭建严格的制度规范

除了相应的薪酬奖励制度之外，适当的规章制度规范也是必不可少的。“无规矩不成方圆”，企业的制度化管理具有一种强制的约束力，这种制度规范可以让员工在特定的条件下形成一种在工作、生活方面的良好习惯，也能促使企业制度管理不断完善，企业发展越发稳定。

在贯彻企业文化的过程中，单纯依靠企业理念去引导员工，或者单纯依靠薪酬制度去激励员工的做法都是远远不够的。只有建立一整套规范的管理制度，将企业文化融入其中，告诉员工什么是企业文化所鼓励的，什么是企业文化所反对的，这样员工才能知道什么是能做的，什么是不能做的，从而在遵循制度的过程中逐渐理解和认可企业文化。

5. 长期稳定的建设步调

企业文化的建设是一项长期积累的工作，这需要企业管理者能够在企业发展最初便将企业文化建设作为一项企业的核心工作来开展，同时还需要对企业文化建设保持长期稳定的关注和支持。

企业文化建设既不能追求一步到位，也不能断断续续缺乏连贯性。地勘企业管理者应该根据企业发展的节奏来随时丰富企业文化的内容，同时不断贯彻落实企业文化，保持一种持续稳定的发展态势。

企业文化建设是地勘企业持续发展的根本所在，因此，地勘企业经营者必须要时刻结合企业自身的发展情况及时对企业文化进行调整和优化，同时要严格将企业文化贯彻落实，只有落到实处，企业文化才能在地勘企业中生根发芽，不断生长。

第十八章

新型地勘企业的管理之路

一、地勘企业管控体系设计原则与组织架构

说到企业的现代化管控体系，无非是完善企业的社会职能，完善企业的内部管理，并对企业的现有资源进行整合。地勘企业管控体系的设计原则也是如此，下面我们来具体分析一下。

先看公益企业的定位及市场机制运营。地勘企业组建后，会根据企业的公益定位、战略目标、产业布局等进行重组整合，并按照现代企业制度完善企业治理结构，形成经营性企业公司为主体、公益型事业单位为支撑的企业集团组织架构，遵循市场经济规律和企业发展规律，坚持激励机制与约束机制相结合，体现效率原则与公平原则，充分调动企业家积极性，提升企业的市场化、现代化经营水平，不断提高运营效率、服务水平、产品质量和保障能力。

再看地勘企业的内部管理。对于一家企业来说，完善法人治理，实行有效的分级管控是非常重要的。地勘企业要健全以公司章程为核心的企业制度体系，明确和规范董事会、监事会、党组织、经理层和职工代表大会的权责，强化权利责任对等，保障有效履职，使各级企业成为依法自主经营、自负盈亏、自担风险、自我约束、自我发展的市场主体。同时要建立健全一体化组织管控体系，使企业总部成为投资和管控中心，二级企业成为经营和利润中心，三级企业成为施工和成本中心，实

现分级管控、总体最优的经营目标。

最后是关于整合传统资源，构建新兴平台的内容。根据总体发展战略和产业发展趋势，兼顾区域化和专业化，完善和优化组织架构，使资源向主业板块、优势企业和高端产业聚焦。对传统地勘业务，加强整合重组力度，推动营销体系建设，提高资源配置效率、区域覆盖范围和民生保障能力。对战略新兴产业，通过构建集团层面运营平台，采取多种形式的产融结合工具，充分利用国家政策、合作平台和资本市场，实现企业跨越式发展目标。

基于以上原则，地勘企业在架构组织时，可以在组建企业集团公司后，根据外部环境和企业内部经营管理状况，建立适合自身特点和地质产业发展的组织架构。

具体的组织架构可以考虑以下模式：

（1）组建成立企业集团，将目前地勘企业所属的全部事业和企业单位纳入企业集团，事业单位与企业单位实行分类管理。

（2）事业单位保留原来的事业法人牌子，完成过渡期改革改制和社保衔接等工作。

（3）企业单位按照地区公司、专业公司等架构完善企业治理结构，推进重组整合，实现战略目标。

（4）企业集团逐步形成经营性企业公司为主体、公益型单位为支撑的组织架构，条件成熟时引进战略投资者，成立股份公司。

二、地勘企业管控模式的选择与探索

有效的管控模式，是通过战略为导向，以组织结构为静态框架，以流程和制度为动态依托，以控制系统为核心的动态系统。

地勘企业可以按照集权、分权程度的不同，将管控模式分成财务控制型、战略控制型和运营控制型三种基本模式。下面具体解读这三种管控模式。

1. 财务控制型

财务控制型的管控模式是指母公司通过投资入股子公司，成为子公司的股东，母子公司之间更类似于投资者与被投资者的关系。

优点：母子公司之间的产权清晰，子公司成为完全独立的经济实体；母公司的投资机制灵活有效，子公司发展得好，母公司可增持，子公司发展不好，母公司也可退出，可有效地控制母公司的投资风险；母公司可以完全专注于资本经营和宏观控制，减少母子公司之间的矛盾。

缺点：控制距离过长，信息反馈不顺畅；母公司与子公司之间信息不对称，难以实施有效的控制；子公司内部容易产生事实上的内部人控制；母子公司的目标容易不一致，不利于发挥集团优势。

2. 战略控制型

战略控制型的管控模式是指母公司通过控股子公司，利用股东会和董事会，使子公司的经营活动服从于母公司的总体战略规划。

优点：母子公司的机制是决策和执行分开，产权经营和产品经营分开，母子公司目标明确，可以实现对子公司的激励；母公司与子公司的资产关系明晰，母公司的风险局限在对子公司的出资额内；母公司专注于战略决策和资源部署，通过决策控制保证母子公司的整体发展方向，有利于发挥集团优势。

缺点：母公司配备人员较多，管理层次较多；信息反馈的及时和顺畅程度会影响战略决策的正确性；战略管理协调功能的执行不好会造成母子公司矛盾。

3. 运营控制型

运营控制型的管控模式是指母公司通过绝对控股子公司，取得子公司的控制权。母公司直接任命子公司的管理层，对子公司的财务、人事、经营等活动采取直接控制的管理方式。

优点：子公司业务的发展受到母公司的充分重视；由于母公司的职能部门与子公司相应的职能部门的控制关系，控制距离短，母公司能够及时得到子公司的经营活动信息，并及时进行反馈控制，控制力度大；子公司的经营活动得到母公司直接支持，母公司能够有效地调配各子公司的资源，协调各子公司之间的经营活动。

缺点：母子公司资产、经营一体化导致母子公司的产权关系不够明晰，母公司的风险增大；集权与分权关系敏感，若处理不当会削弱整个组织的协调一致性；子公司往往只重视眼前利益，子公司的长期激励不足；由于管理部门重叠设置，管理线路多，会导致母公司与子公司的职能部门互相扯皮，增加管理成本。

基于以上三个管控模式的各自特点，笔者认为，地勘企业从总部的发展阶段来说，适当授权与风险控制的平衡是决定管控模式、组织结构等组织管控体系优化升级的重要依据，并且要依据产业链关联度和相关业务的特点，采用分类管控模式，进一步确定针对不同下属单位的管控重点。集团总部要给下属单位经营自主权，更多为二级单位搭建平台，同时将重点放在管控战略、管控资本上。

三、深化企业改革的思路初探

结合现代企业经营管理、社会主义市场经济学、公司治理等相关理论分析可知，深化地勘企业改革，必须建立和完善现代企业制度、现代企业组织制度及现代企业管理制度。

1. 现代企业制度

在我国社会主义市场经济条件下建立现代企业制度，须从现代企业产权制度、现代企业组织制度、现代企业管理制度三大方面展开。其中，现代企业产权制度是基础和前提，现代企业组织制度是核心依托，现代企业管理制度则是根本保障。因此，建立现代企业制度，是地勘企业走向市场经济，促进社会主义市场经济发展的目标。

深化事业向企业的改革，应明确三大目标：①构建现代企业产权制度，理顺集团与二级公司的产权关系：通过资产划转，建立健全集团与二级公司以产权为纽带的现代产权制度，形成对二级公司的投资关系；②构建现代企业组织制度，理顺管理体制，以产权为纽带，以省为界限，将各地质队伍全部纳入二级公司管理，构建“集团—二级公司—三级企业”企业管理的新组织体系；③构建现代企业管理制度，建立和完善二级公司的运行机制，加强二级公司的现代管理制度建设。在二个目标的统筹协调下，打造以企业为主体、以市场为导向、以效益为中心、以创新为动力、以科技为支撑，产权清晰、权责明确、管理科学的现代企业制度。

2. 现代企业组织制度

现代企业组织制度的基本特征是：所有者、经营者和生产者之间，通过公司的决策机构、执行机构、监督机构，形成各自独立、责权分明、相互制约的关系，并以国家相关的法律法规和公司章程加以确立。就地勘企业来说，在深化现代企业组织制度方面，可以建立“集团—二级公司—三级企业”的管理新体系，确定各管理层次职能（如图 18-1 所示）。

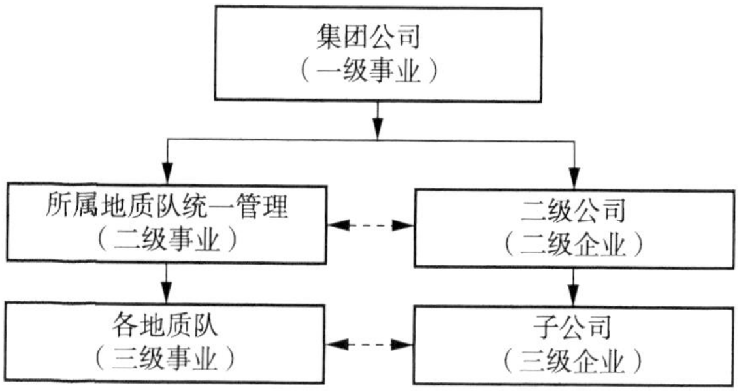

图 18-1　事企分体运行管理结构图

在该组织管理架构中，集团公司作为决策中心，实施战略管理、资产管理、人力资源配置三大管理职能。二级公司作为经营中心，以提高市场占有率、开发市场为主，以实现利益最大化为目标，确保国有资产保值增值。三级企业作为执行中心，直接面对市场，进行生产经营。在三级企业架构中，二级公司起着承上启下的作用，是政策、信息、经营管理、资源整合、投融资、资质共享、监督落实等综合经营管理平台。因此，深化企业改革，推进二级公司的实质性运行是工作的中心与重点。

3. 现代企业管理制度

在三大目标中，深化现代企业管理制度的构建，建立和完善二级公司的运行机制，加强二级公司的现代管理制度建设是重中之重，其主要包括：规划二级公司经营战略，完善公司治理结构与组织管理结构、防范风险、规范财务管理、加强人才培养以及凝练企业精神等，以期达到深化企业改革、建立先进的现代企业管理制度的目的。

（1）科学制定发展战略。在二级公司运行过程中，建立“集团—二级公司”的战略管理体系，制定科学的企业发展战略目标。在推动二级公司实质性运行过程中，集团应根据国家政策、行业需求和市场变化不断完善企业发展战略目标，做到动态管理，并根据规划执行情况建立战略规划执行考核体系。二级公司与所属三级企业可建立产权多元化的投资关系。对于地质勘探主业，二级公司应采取绝对控股方式，实施战略型集中管理，充分发挥地质勘查主业优势，促进地质主业可持续发展。

（2）建立法人治理结构。法人治理结构是公司制的核心，是明确划分党委会、董事会、监事会和经理层之间权利、义务和责任，以及明确相互制衡关系的一套管理制度。地勘企业的治理结构，其核心就是二级公司如何在以后的生产经营过程中，在法律结构和管理结构间取得恰当的平衡。

目前，部分地勘企业在企业改革的过程中，初步建立了以党委、股东、执行董事、监事为格局的法人治理结构（如图 18-2 所示）。作为国有地勘企业，应在处理好董事长和总经理的职权关系，并在总经理负责制的基础上，完善内部组织机构设置，强化企业党委和职工代表大会对高管层的制衡和监督作用。

（3）完善企业组织结构。二级公司应根据自身现状，明确组织结构的设计，改变传统单一行政式组织结构，引入事业部制、矩阵式等新型组织设计模式，科学合理地设计组织机构，使企业能够高效运转。二级公司与三级企业之间则可采用母子公司制与事业部制相结合的组织模式，可以克服母公司对子公司不能直接行使行政指挥权的弊端，对子公司的控制可以利用母子公司协议约定。

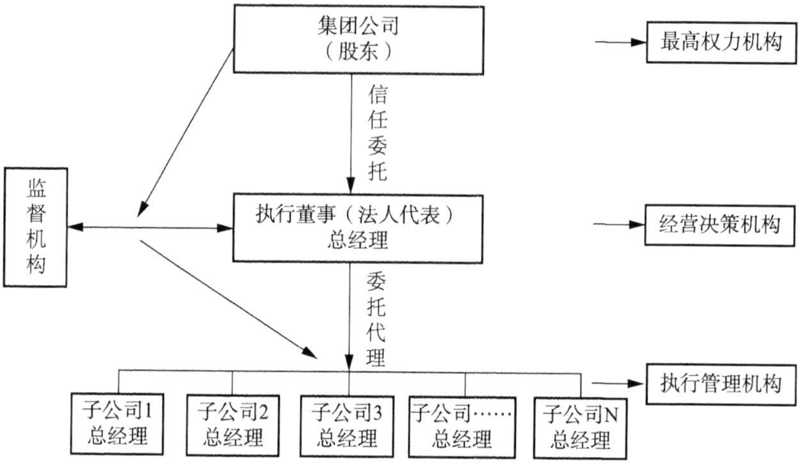

图 18-2　集团—二级公司—三级企业法人治理结构图

（4）建立可控的风险防范体系。做好决策风险防范、投资风险防范、财务风险防范等。现代经济活动中，由于企业管理者的决策失误导致企业失败的事例屡见不鲜。建立健全企业的法人治理结构，落实好“三重一大”制度，可以从制度方面尽量减少领导决策失误，从而更好地防范各项风险。同时，将企业投资纳入战略管理，加强投资全过程跟踪管理，改革企业内部控制制度，构建并健全有效的财务风险控制机制，对资金运用过程中资金成本风险进行控制，建立财务预测机制、预警系统和科学的财务决策机制，构建起内部防范危机的预警系统，可以做到防患于未然。

（5）加强财务管理。建立“集团—二级公司—三级企业”的财务管理体系，采取财务资金集中管理，加快集团化财务管理体系建设。改变以事业单位为主体的财务报告体系，逐步建立以企业法人组织为核心、以二级公司为财务报表的报告主体，编制上报各类财务报表，实现全新的集团财务报告框架体系。同时，努力推动财务管理的信息化，在做好各项财务管理的基础上，发挥财务会计信息的重要作用，为企业的决策提供客观真实有效的数据。

（6）建立和完善人力资源管理制度。根据二级公司发展战略规划，建立现代人力资源管理体制，制定相应的人力资源规划和人才战略，加大人才引进和培训力度。加大公开招聘、竞争上岗、组织选拔等力度，建立职工择优录用、能进能出的用工制度，完善人才的选拔、考核和激励制度。同时，二级公司应加强党的基层组织建设，保证党组织正常开展活动。

（7）建立合理的收入分配制度。彻底改变以往事业单位遗留下来的僵化的收入分配体制，按照现代企业管理要求，建立有效激励的收入分配制度，明确规定岗位职责和技能要求，实行以岗定薪，岗变薪变，岗位工资标准要与企业经济效益相联系，上下浮动。坚持职工收入与岗位职责、工作业绩和实际贡献直接挂钩，采取形式多样、自主灵活的分配形式，建立重实绩、重贡献的分配激励机制，以充分调动员工的工作积极性。

此外，地勘企业经过几十年的发展，已形成了自身浓厚的行业特点和精神理念，集团应该借鉴先进企业文化建设的经验，结合实际，凝练具有自身行业特色的企业文化精神，并以企业丰富多彩的群众文体活动、学术论坛等载体推广企业文化，进而扩大社会知名度，增强广大员工的自豪感、责任感，提高全员的凝聚力和战斗力。

四、地勘企业改革改制实务

新时代下，地勘企业也要通过改革改制的方式，来组建集团。对地勘企业来说，应当以改革改制为手段、以组建企业集团为目标，按照现代企业制度要求深化改革，转换机制。同时落实好过渡期政策，利用好事业费继续拨付和相关财税政策，做好离退休人员的待遇和医疗保障等方面的接续，确保改制和建制过程平稳有序。

（一）改革改制步骤

针对各个地勘企业的具体情况，改革改制和组建企业集团的工作步骤大致如下。

1. 成立组织机构

组织机构包括改革改制组建企业集团的领导小组、工作小组、聘请咨询机构等。

2. 编制可行性研究报告

可行性研究报告包括发展现状分析、政策环境分析、转企改制可行性和必要性、转企改制方案建议、实现路径。

3. 有序推进各项准备工作

各项准备工作包括与国资委、财政部、中央编办、人力资源社会保障部、自然资源部、住房和城乡建设部等国家部委，地勘企业总部及各二三级单位所在省区市的沟通；人员、资产、经营、财务等现状摸底和资料分析；到中央企业、地方国企等改制典型单位调研交流；改革改制组建企业集团工作的宣传动员、培训学习等。

4. 向上级部门提交申请报告

申请报告需详述企业发展现状、改革改制目的意义和总体思路、改革改制方式和路径、组建企业集团的发展战略和组织管控模式、改革改制具体实施计划、需要协调解决的问题等内容。

5. 制定改革改制和组建企业集团的实施方案

改革改制和组建企业集团的实施方案包括改革改制工作目标、企业集团战略规划及总体架构、人员安置方案、国有资产处置方案、社会保障衔接方案、改革改制成本测算、相关政策要求、实施进度安排等内容。

6. 实施方案上报与审批

实施方案上报与审批包括地勘企业内部审批程序，向上级部门等提交专项申请报告及批复等。

7. 国有资产清查、评估与国家资本金核定

国有资产清查、评估与国家资本金核定包括国有资产清查、财务审计、产权登记、资产评估等工作内容。与主管部门沟通核定企业集团国

家资本金。

8. 上级部门审核批复集团公司组建事宜

上报企业集团的公司章程和法人治理结构方案，公司党委会、董事会、监事会、经理层等高层管理人员任命，办理国有资产产权变更手续等工作。

9. 企业集团公司注册及成立

企业集团公司注册及成立包括企业集团公司工商注册登记及相关权属变更登记、集团公司总部层面机构调整、集团公司成立大会组织等工作。

10. 后续工作组织实施

后续工作组织实施包括企业集团战略目标细化、所属二三级机构整合重组、职工安置及社会保障衔接、过渡期政策落实、后续相关问题的处理解决等。

（二）改革改制关键环节

改革改制工作步骤实施过程的关键环节主要有：对地勘企业改革改制前基本情况梳理，制定改革改制和组建集团实施方案，政策宣讲并通过职代会审议，及清产核资、审计评估四点。下面具体分析一下。

1. 改革改制前基本情况梳理

地勘企业要对自身的基本情况进行认真梳理，对经营管理现状、未来发展前景等进行深入分析，为改革改制方案设计提供依据。地勘企业总部应成立改制领导小组，并聘请咨询机构，认真梳理清楚改制单位的下列情况：

（1）梳理企业的资产情况，包括房产、地产、财务状况等；

（2）梳理企业的经营状况，包括经营范围、经营能力、市场前景、营销网络等；

（3）梳理企业的人员情况，包括已经离退休的人员、在职职工（包括编制内员工与编制外员工）社保、资质等情况；

（4）梳理企业的法务风险和遗留问题。

以上基本情况的梳理，是地勘企业在制定改革改制方案时的重要依据。正所谓“磨刀不误砍柴工”，扎实的前期内外部资料分析，以及一份有针对性的可行性研究报告，是地勘单位改革改制成功的第一步。

2. 制定改革改制和组建集团实施方案

制定改革改制和组建集团方案时，应结合地勘企业的实际情况，具体选择改革改制后企业组织形式，处理单位债权债务，妥善安置职工，按照内部决策程序进行审议并形成书面决议，报上级主管部门审批。

改革改制和组建集团实施方案要从改革改制单位的实际出发，具有可操作性；要充分考虑到改革改制单位职工的根本利益；要有利于改革改制后的新企业集团健康发展。

3. 政策宣讲并通过职代会审议

地勘企业在拟定改革改制和组建集团实施方案时，需经过职工代表大会讨论通过，改革改制方案中涉及职工权益的事项，应当听取职工代表大会的意见，对职工补偿安置等事项应当经职工代表大会讨论通过。

改革改制方案按照内部决策程序进行审议并形成书面决议后报上级主管部门审批。

地勘事业单位改革改制关系职工切身利益，而职工往往对政策不了解或理解存在偏差，或对改革改制心存顾虑。因此，统一单位职工对改革改制的认识、调动职工积极性对改革改制顺利进行是非常必要的。

4. 清产核资、审计评估

清产核资是事业单位改革改制工作的重要环节，耗费的人力、财力、时间最多，也是最容易出现问题的环节，在有些地方的事业单位改革中就出现了诸如少列资产、漏列资产、多列成本等问题，所以应由有关部门选任依法成立并具有合法资质的中介机构对单位的资产情况进行审计、评估。

在这一过程中，对国有资产该认定的要认定，该剥离的要剥离，该核销的要核销。对产权界定、资产处置方案等，要上报国有资产监管部门核准。经有关部门核准的产权界定及清产核资情况应当在相应范围内予以公示。

五、地勘企业改革改制所面临的问题

考虑到地勘企业的历史沿革、经营管理现状和行业发展趋势，地勘企业改革改制可能面临以下主要问题，需要高度关注并积极设法解决：

（1）多年事业单位体制下形成的相对保守的思想意识，难以在短时间内实现扭转。

（2）下属企业普遍缺少资金积累、技术装备陈旧，难以应对激烈的市场竞争。

（3）原有几大产业模块尚未集中资源优势，难以在短时间形成有效合力。

（4）地勘市场同质化严重，竞争激烈且较为混乱，国家和地方层面的市场规则尚不完善。

（5）地勘队伍庞大，历史包袱沉重，现有条件不足以支持事业单位转企以后的发展。

（6）开拓新兴市场难度大，缺乏资本、资源、人才以及相关经验的支撑。

（7）历史形成的遗留问题、债权债务纠纷较复杂，清理起来非常困难，可能影响改革改制组建集团公司工作进程。

（8）地勘企业的所属单位分布于全国各地，因各地方经济发展水平差别、政策规定相异等原因造成职工收入水平差异、社会保险衔接程度不同等问题需要投入大量细致工作深入解决，以保障队伍稳定。

在此过程中，地勘企业上级部门应与相关地方政府积极协调，给予驻地企业同等待遇和改革改制组建企业集团过程中特事特办的相关事宜。

六、结语

未来，我国经济增速将迎来换挡期，从高速增长向中高速平稳增长过渡，高质量发展成为经济的主旋律。我国地勘企业将面临周期、要素、结构和动力等变化，这也恰好是一个市场系统在受到环境冲击时一定会经历的变化，地勘市场激烈竞争不可避免。与此同时，过去 20 年推动高速增长的人口、土地、政策、资本等要素资源，可能将逐渐淡出经济舞台，知识价值与技术价值开始凸显，经济将从要素驱动、投资驱动转变为创新驱动。在供给侧改革的大背景下，地勘企业必须经历一次脱胎换骨的深化改革与管理提升。

深化地勘企业改革，建立具有中国特色的现代地勘企业制度，是涉及地勘单位乃至事业单位体制机制改革的大问题，关系到数十万名从业者的生存发展，关系到我国地质事业的兴衰成败，关系到我国矿产资源的保障程度。一系列深化企业改革、优化提升管理等有效措施的实施，必将对地勘经济实现可持续发展产生深远影响。

当然，在经济新常态、新形势下，地质勘查仍旧是我国确保国家战略能源安全、实施生态文明建设等系列国策的基础性、先行性行业，在社会经济发展中起着先导作用。地勘行业需要做的是正确把握新形势、新要求，正确把握市场经济和企业发展客观规律，充分利用好现有优势资源，进一步长远谋划，科学布局，实现地质勘查产业的新发展。

参考文献

[1] 赵平．我国地质勘查经济现状与发展趋势［J］．中国煤炭地质，2018（3）：3-4.

[2] 任辉．当前地质地勘行业改革发展问题分析与对策研究［N］．中煤地质报，2018-07-05（1）．

[3] 侯慎建．对新时代中国煤炭资源勘查工作发展思路的探讨［J］．西北科技大学学报，2019（2）：341-346.

[4] 赵彦雄．新时代煤炭地质单位企业管理架构探析［J］．中国煤炭地质，2019，31（1）.

[5] 姜智敏，侯慎建，何伟．煤炭地质企业运行模式总体方案构建实践//煤炭企业管理现代化创新成果集（上）［M］．北京：企业管理出版社，2013.

[6] 仲伟志，贾其海．地质勘查经济体制改革的回顾［J］．中国地质．1990（12）.

[7] 姚公一．论当代大地质产业战略［J］．国土资源科技管理．2001（5）.

[8] 王家枢．商业性矿产勘查风险承担的国际惯例［J］．国土资源情报．2008（5）.

[9] 赵亮．中外商业性矿产勘查投融资比较研究［D］．北京：中国地质大学（北京）．2011.

[10] 王士伟．新能源项目融资模式创新分析［J］．河南财政税务高等专科学校学报．2011（3）.

[11] 陈俊楠．国外矿业资本市场发展的经验与启示［J］．当代经济．2010（16）．

[12] 周萍．谈地勘单位国有资产管理［J］．当代经济．2011（22）．

[13] 王溦溦，王晔．我国国有地勘单位整体改制的可行性分析——以有色金属华东地质勘查局为例［A］．中国地质矿产经济学会2011年学术年会论文集［C］．2011．

[14] 马立新．关于地勘单位企业化的反思——我们做错了什么［A］．中国地质矿产经济学会2011年学术年会论文集［C］．2011．

[15] 朱立新，施俊法，禹启仁．地质科学成就与前景［A］．2006—2007地质学学科发展报告［C］．2006．

[16] 王涛．完善我国矿业资本市场结构与功能的对策研究［D］．北京：中国地质大学（北京）．2011．

[17] 张劲松，陈宗军．公益性事业单位的非营利性改革［J］．安徽农业科学．2006（7）．

[18] 贾伟光．现代化企业管理新模式在国企单位中的应用研究［J］．现代国企研究，2019．

[19] 于秋波．地勘事业单位深化改革路径研究［D］．长春：吉林大学，2017．

[20] 赵彦雄．煤炭地质单位产业转型发展研究［J］．煤炭经济研究。2019，39（7）．

[21] 赵彦雄．运用辩证法处理好地勘单位改革与发展［J］．企业文化．2019（7）．

[22] 赵彦雄．金融危机下煤炭地质单位做强做大的思考与探索［J］．中煤地质报．2009（57）．

后　记

历时一年多，从构思到着手，再到不断学习、修改、完善，《地勘企业改革与管理研究》一书终于完成。

笔者写作此书的目的，是拟结合自身在煤炭地勘单位20年来的工作经历和体会，以及常年参与文字起草及编纂的所思所得，借鉴参考地勘行业改革发展及管理有关资料，力求将自身有限的企业管理知识与地勘企业改革发展挂钩，试图阐述如何赋予地勘企业更科学的管理模式。由于水平所限，能力不足，言辞拙劣之处不胜惭愧，仅盼能起到抛砖引玉作用，请行业同仁批正。

在这里，特别感谢为了完成这项工作而给予关心支持和无私帮助的中国煤炭地质总局赵平、任辉、侯慎建、于运强、王佟、张昊、陆斌法、孙红军、曹云全、张怀柱、李银辉等各位领导，在国企国资领域工作的林庆苗、周昊、汪京、陈利军、刘金龙、雷生、陈玉新等各位领导及专家们，还有在办公厅工作的同事刘银海、宋思哲、张卓等，以及提供大量参考资料的本单位有关规划、经营、财务、科技、人力等部门的同志，他们或出于关怀，或出于信任，或出于友情，从指导思路、提供资料和写作内容方面，以及精神上、情感上、条件上给予了大力的帮助。正是因为得到他们的支持和帮助，才让我保持了持续研究编写的状态和动力。同时，我也参考了本单位以往一些管理课题资料等。衷心感激之意，不再一一言表！唯有更加努力学习，才能行稳致远，继续前行。

进入“十三五”后，全球经济一体化步伐进一步加快，随着高新技术产业的迅速发展和经济全球化的不断深入，世界经济格局正在发生深刻变化，我国经济进入新常态、新时代，经济结构正在面临一次重大的变革与调整。同时，我国地勘企业在保持传统地勘找矿优势的基础上，生态文明与农业地质技术服务产业方面发展较快，地理信息与地下工程产业发展也很迅速，辅助产业稳步发展，这也使我国地勘企业影响力不断增强。

但是，目前看来，我国地勘行业仍受宏观经济影响大，抗风险能力弱，持续发展动力不足。今后，如何推动地勘产业优化布局，深化地勘企业改革，提升企业管理水平，是一个重大的战略课题和重要任务。

正是出于对地勘事业的忠诚与热爱，故以自身浅薄之水平编写本书，力求通过回顾和总结国内煤炭地勘企业的改革发展历程，应用企业管理理论来论述地勘企业的改革与管理，目的是提出参考建议，不断推动和深化地勘企业改革，进一步健全完善科学有效的现代企业管理方式，构建符合新时代地勘企业运行的体制机制，对推动地勘企业的可持续发展、提高竞争力或起到更大作用。

改革创新与优化管理是企业永恒的追求，实现现代企业管理没有固定套路，这是一个随着形势和市场变化，解决问题并不断思考探索、实践的过程。我国地勘企业在自身的不懈努力下，拥有国家政策方面的大力支持，拥有 60 多年来积累的人才基础和专业技术，以及“三光荣四特别”精神下沉淀的厚重文化基础。我们可以预想到，只要不断进行产业升级和管理创新，拥有现代企业管理体系做支撑的地勘行业发展前景，一定会更加美好。

恰逢新中国成立 70 年，我们正站在新时代的潮头。机遇始终与挑战并存，希望始终与困难同在。我们唯有不断努力，坚持自力更生，艰苦奋斗，以坚如磐石的信心、只争朝夕的劲头、坚韧不拔的毅力奋斗，才能不负信任、无愧期望。我们应该为了新时代不断奋斗，为了逐梦继续向前，为开创地质事业的美好新局面而努力探索和实践。